心理健康教育学习指导

（第 2 版）

主 编 彭奇林

北京理工大学出版社
BEIJING INSTITUTE OF TECHNOLOGY PRESS

内 容 提 要

　　心理健康教育是中等职业学校学生选修的一门德育课程。本书的编写依照教育部最新大纲，课程以邓小平理论、"三个代表"重要思想为指导，深入贯彻落实科学发展观，坚持心理和谐的教育理念，对学生进行心理健康的基本知识、方法和意识的教育，将有助于提高全体学生的心理素质，帮助学生正确认识和处理成长、学习、生活和求职就业中遇到的心理行为问题，促进其身心全面和谐发展。

　　本书作为心理健康教育的学习指导就是帮助学生了解心理健康的基本知识，树立心理健康意识，掌握心理调适的方法是本书的根本目的。指导学生正确处理各种人际关系，学会合作与竞争，培养职业兴趣，提高应对挫折、求职就业、适应社会的能力是本书的目标。帮助学生正确认识自我，学会有效学习，确立符合自身发展的积极生活目标，培养责任感、义务感和创新精神，养成自信、自律、敬业、乐群的心理品质，提高全体学生的心理健康水平和职业心理素质，则是本书所期待的成效。

图书在版编目（CIP）数据

心理健康教育学习指导 / 彭奇林主编 . —2 版 . —北京：北京理工大学出版社，2020.8 重印

ISBN 978-7-5640-4931-7

Ⅰ . ①心… 　Ⅱ . ①彭… 　Ⅲ . ①心理健康 – 健康教育 – 中等专业学校 – 教学参考资料
Ⅳ .G479

中国版本图书馆 CIP 数据核字（2011）第 160961 号

出版发行 / 北京理工大学出版社有限责任公司
社　　址 / 北京市海淀区中关村南大街 5 号
邮　　编 / 100081
电　　话 /（010）68914775（总编室）
　　　　　（010）82562903（教材售后服务热线）
　　　　　（010）68948351（其他图书服务热线）
网　　址 / http：//www.bitpress.com.cn
经　　销 / 全国各地新华书店
印　　刷 / 定州市新华印刷有限公司
开　　本 / 787 毫米 × 1092 毫米　1/16
印　　张 / 7.5
字　　数 / 198 千字
版　　次 / 2020 年 8 月第 2 版第 6 次印刷
定　　价 / 24.00 元

责任编辑 / 胡　静
王玲玲
责任校对 / 周瑞红
责任印制 / 边心超

前言

心理健康教育是中等职业学校学生选修的一门德育课程。本书的编写依照教育部最新大纲，课程以邓小平理论、"三个代表"重要思想为指导，深入贯彻落实科学发展观，坚持心理和谐的教育理念，对学生进行心理健康的基本知识、方法和意识的教育，将有助于提高全体学生的心理素质，帮助学生正确认识和处理成长、学习、生活和求职就业中遇到的心理行为问题，促进其身心全面和谐发展。

本书的编写具有以下特色：

首先，本书侧重心理素质培养与职业教育培养目标相结合。心理素质是职业教育培养目标的基本要素。本课程要以学生为主体，以职业发展需求为导向，在学生心理素质培养的过程中体现职业教育培养目标。

其次，本书既面向全体，又关注个别差异。课程内容既面向全体学生，普及心理健康的基本知识，注重各种形式的心理健康教育活动的开展。同时，也重视根据学生心理发展特点有针对性地因材施教，关注个别差异，促进全体学生心理素质的全面提高和身心协调发展。

第三，本书将发展与预防、矫治相结合，立足于发展。心理健康教育课程要以促进学生发展为目的，重视培养学生的积极心理品质，主动预防和矫治学生出现的心理行为问题，使学生的心理潜能得到最大发挥。

第四，本书重视科学性与实践性相结合，重在体验和调适。在本书的编写过程中，既依据心理健康的理论知识和方法，遵循学生心理发展的特点和规律，强调科学性；同时，又要重视实践性，加强活动和体验环节，让学生在学习中体验、在体验中感悟，提高学生自我调适能力。

总之，帮助学生了解心理健康的基本知识，树立心理健康意识，掌握心理调适的方法是本书的根本目的。指导学生正确处理各种人际关系，学会合作与竞争，培养职业兴趣，提高应对挫折、求职就业、适应社会的能力是本书的目标。帮助学生正确认识自我，学会有效学习，确立符合自身发展的积极生活目标，培养责任感、义务感和创新精神，养成自信、自律、敬业、乐群的心理品质，提高全体学生的心理健康水平和职业心理素质，则是本书所期待的成效。希望本书能对成长中的中职朋友有所助益，成为你们人生中一段难忘的回忆。

编　者

目 录

第一章　心理健康基本知识………………………………………… 1

第二章　悦纳自我，健康成长……………………………………… 15

第三章　和谐关系，快乐生活……………………………………… 35

第四章　学会有效学习……………………………………………… 51

第五章　提升职业心理素质………………………………………… 71

参考答案……………………………………………………………… 93

第一章　心理健康基本知识

教学目标

使学生了解心理健康的概念和标准,理解中职生心理健康蕴含的成长意义。树立心理健康意识,掌握一定的心理调适方法,促进学生形成良好的个性心理品质。

教学要求

认知:了解心理健康的概念,理解心理健康的标准。

情感态度观念:关注自己生理和心理发展特点,追求身心的全面协调发展。

运用:能主动进行心理调适,做积极、乐观、勇于面对现实的人。

知识梳理

一、了解心理健康

1. 健康的含义

人的健康是人的生理、心理健康和对社会良好适应的综合,充分反映了健康的生物学和社会学特征,成为了最具权威、最有影响的、现代世界各国都积极推崇的健康定义。根据现代社会和现代人的状况,1989年世界卫生组织还将人的"道德健康"寓于健康概念之中,认为人的健康应是"躯体健康、心理健康、社会适应良好和道德健康"4个方面的综合。这是对健康概念更为全面的表述,是对健康概念的扩展,它将人的健康推广到个体、人群乃至社会健康,这对促进人类文明和社会进步都起到了积极的作用。

由此看来,人人都应重视健康价值,并尽力于实现"人人享有健康"的社会目标。健康是人的一项基本需求和权利,是社会进步的重要标志和潜在动力。

2. 心理健康的定义

心理健康概念是指个体的心理活动处于正常状态下,即认知正常,情感协调,意志健全,个性完整和适应良好,能够充分发挥自身的最大潜能,以适应生活、学习、工作和社会环境的发展与变化的需要。

3. 心理健康的标准

根据我国中职生这一特殊群体的年龄特征、心理特征和社会角色特征,其心理健康的基本标准应包括以下几个方面。

(1)健全的意志 意志是人在完成一种有目标的活动时,所进行的选择、决定与执行的心理过程。在行动的顽强性、果断性、自觉性和自制力等方面,意志健全者都能表现出较高的水平。

(2)健康的情绪 情绪稳定和心情愉快是情绪健康的主要标志,这是中职生心理健康的一个重要指标。因为情绪在心理变化的外显成分中起着核心作用,情绪异常往往是心理疾病的先兆。

(3)完整的人格 人格,在心理学上指个体比较稳定的心理特征的总和。人格完整,就是指有健全统一的人格,即个人的所想、所说、所做都是协调一致的。

(4)正确的自我评价 正确的自我评价是中职生心理健康的重要条件之一。中职生是在与现实环境,与他人的相互关系中,在自己的实践活动中认识自己的。

(5)良好的适应能力 较强的适应能力是心理健康的重要特征。不能有效处理与周围现实环境的关系是导致心理障碍的重要原因。

(6)和谐的人际关系 和谐的人际关系,是中职生心理健康不可缺少的条件之一。人总是处在一定的社会关系之中的,中职生也同样离不开与人打交道。具有和谐的人际关系,是中职生获得心理健康的重要途径。

二、对心理健康认识的误区

误区之一:自己心理没毛病,无须考虑心理健康问题。

误区之二:心理健康就是追求完美,正常人难以做到。

误区之三:社会对自己太不公平,没理由乐观。

误区之四:心理障碍者是另类,很可怕。

误区之五:心理平衡就是心理健康。

三、当代中职生心理健康状况

目前我国多数中职生心理是健康的,有较高的智力水平,强烈的求知欲望,学习效率高,充满朝气,乐观自信,人际关系良好,情绪稳定,善于自我调节,适应良好。但是,也有相当一部分学生的心理健康状况不容乐观。当代的中职生由于面临更多的机遇和挑战,因而也承受着更大的心理压力与冲突。事实上,中职生心理疾患已经成为一种常见病、多发病。

从某种意义上讲,中职生已经是心理健康问题的高发率人群。心理问题已对很多中职生的健康产生了严重的威胁,健康心理的培养已成为当今社会的新视点。

1. 中职生常见心理问题之:强迫症

强迫症是一种通过仪式化行为来减轻内心焦虑的精神疾病,病患会产生挥之不去的想法,出现不得不做的行为。主要表现为强迫思维或强迫行为。强迫思维是指反复出现在患者脑海里的某些想法、冲动、情绪等,患者能认识到这些是不必要的,很想摆脱,但又摆脱不了,因而十分苦恼。

一般来说,强迫症的背后都有一个潜在的原因,比如父母追求完美,对孩子要求很高等。如果家长发现孩子经常发呆、做功课特别慢、咬指甲、耸肩膀等,就得注意了,这很有可能是一种强迫性的行为,这时家长要注意观察孩子,了解一下孩子会这么做的原因,并及早带孩子去看医生。

2. 中职生常见心理问题之:体象烦恼

体象烦恼是一种性心理障碍,一般出现在青春发育期。此时面对性别差异的突然出现,中职生往往缺乏足够的心理准备。他们会不由自主地与他人进行对比,一旦出现较大的差距,其中的一些人就会产生体象烦恼。

男孩更多地忧虑自己的身躯不够高大,女孩则担心自己的形体不够优美。进入中职的学生,随着生理的变化,都渐渐开始注意自己的形象,其中不少学生甚至由于容貌或生理上的缺陷而产生了严重的精神负担,可以说体象烦恼在中职生各种心理烦恼中占有很高的比例。心理专家建议,告诉这类孩子,体象上没有十全十美的人,俊男美女也有不足,告诉他们气质才是最重要的,要学会欣赏自己的才华,比如小亮虽然眼睛小,但很有神,虽然长相普通,但身材不错。

3. 中职生常见心理问题之:恋爱受挫

中职生的心理发展和生理发育往往是不同步的,因而恋爱受挫往往使他们心灰意冷,这时候心理承受力差的就容易产生心理疾病。对恋爱受挫的中职生,家长和老师应当及早发觉,并予以正确的引导和无微不至的关怀。老师可以对他们开展青春期性教育,并以优秀的文艺作品和伟人的事迹来帮助其形成正确的世界观。

青春期的孩子往往比较敏感,此时一些微小的事情也容易引发心理问题,像恋爱受挫、体象烦恼等均属此类。

4. 中职生常见心理问题之：社交恐惧症

患社交恐惧症的人，面对不熟悉的人讲话、在众人注视下运动或与异性交往时，往往会出现显著的、持续存在的担忧或恐惧，担心自己将面临窘境或耻辱。患者对所恐惧的环境一般采取回避行为，即使坚持下来也十分痛苦，经常会出现焦虑、多汗、面红耳赤等症状。

内向的孩子在青春期过程中如果不注意调整心理状态，就会惧怕与人交往，从而引发社交恐惧。作为父母应及时审视自己对待孩子的行为是否恰当，并尽早纠正不恰当的教育行为，对孩子给予更多表扬和鼓励。孩子则要注意训练用大胆而自信的眼光看别人，为建立自信心打下基础。

5. 中职生常见心理问题之：学习障碍

一般这类患者的眼睛似乎与别人的不一样，好像"懒惰的眼睛"，会漏掉许多明显的信息，表现在学习时视而不见，可以把整个题丢掉，事后却说自己没看见这道题。这种孩子最易受到老师和家长的误解，其实这是一种特殊的学习能力障碍。只有进行有关的视知觉训练才能见成效。因此，遇到孩子学习表现不佳时，家长和教师应当首先了解自己孩子的学习心理出现了什么问题，严重到什么程度，从而为孩子设计一个个性化的教育方案，针对特殊的学习能力不足进行培训。

6. 中职生常见心理问题之：抑郁症

抑郁症是一种以情绪异常低落为主要临床表现的精神疾病，其特征是：无趣、无力、无望、无能、无助。症状包括：极度忧伤、绝望、疲劳、身体疾病。患有抑郁症的人，其情绪低落的程度和性质都远超正常变异的界限，不同于日常生活中的各种烦恼那样容易逐渐地"云消雾散"。

7. 心理问题的治疗方法

当人们出现心理问题时，一般有3种解决途径。

（1）心理调适　适于日常生活中所出现的心理不适和轻度的心理障碍，可由个体自行完成。

（2）心理咨询　适于在心理发展过程中所遇到的轻、中度的心理障碍，应由学校、社会的心理医生进行。

（3）心理治疗　适于重度的心理障碍和各种程度的心理疾病，要由医院的专科医生通过心理咨询、心理训练乃至适当药疗等手段进行。

三、中职生的生理发展特点

1. 处于青春期的中职生

从年龄上看，中职生相当于高中生，这阶段是学生心理和生理急剧变化的重要时期，即青春期。中职生的身体生长速度逐渐减慢，但已基本接近成人的标准，趋于成熟，在体态上逐渐趋于匀称，体型也已稳定，骨骼骨化过程基本完成，肌肉力量还在发展，所以外表看来，中职生已是一个成人。脑的结构和机能已和成人相等，神经细胞已发育完全，神经过程的兴奋和抑制达到平衡，第二信号系统的调节机能更加完善。同时，中职生的性机能已经发育成熟,性意识越来越强烈。

2. 健康水平自我评测

处于青春期的中职生同学们,可以从以下14项生理特征来预测自己的健康水平。

(1)眼睛有神 所谓眼睛有神,是指目光明亮、视物清楚、转动灵活。眼睛有神,说明人体视觉器官与大脑皮质的生理功能良好。

(2)面色红润 面色是人体五脏气血的外荣。气血旺盛,则面色荣润;气血衰减,则色泽枯槁。如面呈青色,主风、寒;面呈黄色,主湿;面呈白色,主虚等。

(3)呼吸微徐 所谓呼吸微徐,是指人的呼吸要从容不迫。

(4)声音洪亮 肺主气,而声由气发,故声音洪亮。若语声低微、气短,说明肺气不足;若发不出音来,称为"失音"。

(5)情绪稳定 通过和喜怒、去忧伤、节思虑、防惊恐等方法,排除各种杂念,消除或减少不良情绪对心理和生理产生的影响。

(6)腰腿灵便 俗话说,人老腿先老,未老腰先病。腰腿灵便,步履从容,则证明筋肉经络、四肢关节皆很强壮。中医认为,腰为肾之府,若肾气允足,则筋骨健壮、腰腿灵便、活动自如;若肾虚,则腰酸腿痛、步履艰难,严重者可致弯腰驼背。

(7)二便正常 俗话说:"前门松,后门紧。"前门松,是指小便正常而通畅,说明泌尿系统正常无病;后门紧,是指肛门括约肌紧张度良好,肠道无疾病。

(8)牙齿坚固 齿为骨之余,而肾主骨,所以牙齿坚固,反映肾气、肾精充足。若肾精虚衰,则牙齿脱落或枯槁不荣。

(9)不胖不瘦 中医学认为,胖人多气虚,多痰湿,易患中风、消渴病;而瘦人多火,易患阴虚之病。现代医学认为,过胖可增加机体额外负担,大量的脂肪组织在腹腔内沉积,使横膈抬高,心脏和肺脏的活动范围均受到限制;过瘦的人可能是营养不良,或是某些疾病带来的后果,如糖尿病等。

(10)脉象缓匀 缓,即和缓;匀,即均匀。脉象正常与否,能够反映气血的运行。

(11)头发润泽 中医学认为,"发为血之余",而肝藏血,所以头发是否润泽,反映肝的藏血功能。同时,头发的好坏,又依赖肾的精气盛衰。因此,头发的生长、脱落、黑白、润泽,又反映了肾气的情况。

(12)双耳聪敏 耳主管听觉,人体各部发生病变时,皆能通过经络反映于耳部。

(13)记忆力好 髓海充盈,则精力充沛,记忆力好。反之,肾气虚弱,髓海不足,则记忆力减退,分析判断力差,是衰老之象。

(14)食欲正常 由于"有胃气则生,无胃气则死",所以饮食的多少直接关系到脾胃的盛衰。食欲正常,则是健康的反映。若食欲减退,在新病多为伤食,或者外感发热,久病多属脾胃虚弱,或肾阳不足;若食欲亢进,多属胃火亢盛;饥而不食,多为胃阴不足;病中能食,是胃气未伤,预后较好。

3. 青春期注意补充营养

(1)碳水化合物 青春期所需要的热量较成人多25%～50%。热量主要来自碳水化合物,即谷类食物,所以青少年必须保证足够的饭量。

(2)蛋白质 生长发育期的儿童和青少年对蛋白质的需要量是每日每千克体重2～4

克。人体的蛋白质主要由食物供给,蛋类、牛奶、瘦肉、大豆、玉米等食物均含有丰富的蛋白质,混合食用,可以使各类食物蛋白质互相补充,营养得到合理利用。

(3)维生素　人体所需要的维生素大部分来自蔬菜和水果。芹菜、豆类等蔬菜含有大量 B 族维生素;山楂、鲜枣、西红柿含大量维生素 C。

(4)矿物质　青少年对矿物质的需要量极大。钙、磷参与骨骼和神经细胞的形成,钙摄入不足或钙磷比例不适当,必然会导致骨骼发育不全。奶类、豆制品含有丰富的钙。青少年对铁的需要量高于成人。铁是组成血红蛋白的必要成分,如果膳食中缺铁,就会造成缺铁性贫血。

(5)微量元素　微量元素虽然在体内含量极少,但在青少年的生长发育中起着极为重要的作用。特别是锌,我国规定每日膳食锌的摄入量为 15 毫克。含锌丰富的食物有动物肝脏、海产品。

(6)水　青少年活泼好动,需水量高于成年人,每日摄入 2 500 毫升水,才能满足人体代谢的需要。

四、中职生的心理发展特点

1. 中职生 6 大心理特征

具体说来,中职学生普遍具有以下心理特点。

(1)害怕学习,成绩不稳定　中职学生在中考竞争中失利,学习上的多次失败使得他们对学习没有兴趣,遇到比较喜欢的科目或对任课老师有好感,成绩会好些;多数科目分数很低。看到成绩,在短时间的懊悔后就抛之脑后,相当一部分甚至对分数没有感觉。

(2)做事缺乏耐心,自信心差　中职学生自信心差,不敢大胆地做事,总认为自己不可能把事情做好。一件事情即使做了,也不能坚持下去,一有困难挫折就灰心丧气,无法用一种积极向上的态度对待自己,严重的甚至自暴自弃。

(3)以自我为中心,逆反心理较强　由于思考能力不强,无法从全局来看待事情,中职学生的自我意识太强,凡事以自我为中心,把自己的利益看得很重,不顾及集体利益。在接受老师和家长批评教育过程中容易产生逆反心理,有时会故意和师长对着干。

(4)情绪不稳定,自我控制力差　高兴时做什么都好,不高兴时什么都不想做,哪怕知道应该做的也不做,情绪起伏大,而对自己要求又不高,经常不看场合,不考虑个人形象任意而为,违反校纪班规的事情时有发生。

(5)心灵空虚,追求新奇刺激的事物　因为缺乏明确具体的奋斗目标,又没有生活负担,吃穿不愁,中职学生普遍感觉生活无聊,于是通过上网、抽烟、早恋等方式来消磨时间,填充空虚的心灵,个别的因此而酿成大错。

(6)存在一定的人际交往障碍,合作精神不够　中职学生总体上缺乏合作精神,有时表面平安相处,但是没有坚固的基础,一天之内就可以从好友变为"敌人";还有相当一部分人性格内向,不善于和人交往,有意无意地封闭自己,走不出个人狭小的圈子。

2. 中职生的心理需要

(1)爱的需要　希望获得家人的爱,希望获得同伴的爱,由这种被爱而得到满足。

(2)归属的需要　他们借助在朋友或相识的社会群体以及一个密切结合的群体中占

有一席之地,得到赞许而获得满足。

(3)独立自主的需要 面对人生的一个重要十字路口,要去做许许多多的选择和决定,并为他们能够负责任和做出独立的选择而获得满足。

(4)尊重的需要 这当他们的行为符合这个标准并得到自己和周围人们的认可和赞许时,他们就会获得一种情感上的满足。

五、常见的心理不健康的表现

1. 心理缺陷

所谓心理缺陷,是指无法保持正常人所具备的心理调节和适应等平衡能力,心理特点明显偏离心理健康标准,但尚未达到心理疾病的程度。心理缺陷的后果是社会适应不良。

(1)常见的性格缺陷

①无力性格,这种人精力不足,容易疲乏,常说躯体不适,有疑病倾向。

②不适应性格,主要表现为社会适应不良。这种人的人际关系和对社会的适应能力很差,判断和辨别能力不足。

③偏执性格,性格固执,敏感多疑,容易产生嫉妒心理。

④分裂性格,性格内向,孤独怕羞,情感冷漠。

⑤爆发性格,平时性格黏滞,不灵活,遇到微小的刺激即引起爆发性愤怒或激动。

⑥强迫性格,强迫追求自我安全感和躯体健康。

⑦癔症性格,心理发展不成熟,常以自我为中心。

⑧攻击性格,性格外向、好斗,情绪高度不稳定,容易兴奋、冲动。

(2)常见的情感缺陷

①焦虑状态,对客观事物和人际关系,表现出不必要的焦虑、紧张,经常忧心忡忡,疑虑不快。

②抑郁状态,情绪经常处于忧郁、沮丧、悲哀、苦闷状态。

③疑病状态,常有疑病情绪反应,有疑病不适症状。

④躁狂状态,情绪高涨、兴奋,活跃好动,动作增多,交际频繁,声音高亢,有强烈的欣快感。

⑤激情状态,经常呈现出激情状态,应视为心理缺陷。

⑥淡漠状态,对外界客观事物和自身状况漠不关心,无动于衷。在人际关系方面表现为孤独不合群。

⑦幼稚状态,心理年龄明显落后于实际年龄。

⑧反常状态,情感反常,不协调,甚至出现矛盾的情感状态。

2. 变态心理

变态心理是指人的心理行为的异常,亦称病态心理。就个体心理变态而言,变态心理表现的主要标志是心理障碍。心理障碍是各种不同的心理和行为失常的总称。

(1)人格障碍 人格明显偏离正常轨道,并表现出适应不良的行为障碍。

(2)身心障碍 由社会心理因素而引起的躯体障碍。

(3)精神失常 精神失常是一种严重的心理变态,已失去对客观现实的理解或对外界的适应能力。

（4）缺陷性心理障碍　指大脑或躯体缺陷而引起的心理障碍。

（5）智力落后　智力水平与思维活动明显低于正常人，表现出学习和社会适应能力缺陷。

（6）特殊条件下的心理障碍　在催眠、暗示、气功、某些药物作用下出现的心理障碍。

3. 心理疾病

心理疾病主要包括人格障碍、神经症、心身疾病、精神病等。

六、中职生心理问题产生的原因及调适

1. 中职生心理问题产生的主要原因

（1）社会影响　由于社会的复杂性，中职生长期受社会上一些不良因素的影响，使得中职生出现了许多逆反心理和逆反行为。

（2）家庭影响　家庭教育对学生产生巨大的影响，有的家长文化素质较低，教育方法不当，使学生性格扭曲，有的家庭经济状况较差，也会对学生心理产生影响。

（3）学生自身心理因素　一些教师忽视学生心理特点，在教育学生时采用不当的方法、体罚、心罚学生，损伤学生的自尊心，使不少学生产生孤独、自卑的心理。

（4）学校教育不当　由于学习基础不扎实，学习方法不当，学习松散，动力不足等因素的影响，不断地诱发学生心理问题的产生。

2. 中职生心理健康中值得重视的几个问题

（1）学习问题　学习困难，学习压力大，学习动力不足，学习成绩不理想，学习目的不明确等学业问题始终困扰着中职生，主要表现在以下几方面。

①学习动机功利化。学生受市场经济利益杠杆的直接影响，对于学习，学生表现出空前的功利意识。"考证热"正是学习功利化的直接表现。学生充分了解到市场对各种证书的青睐，因而放弃了专业课的学习去追逐各种有用的证书，各种各样的证书班摩肩接踵。

②学习动力不足。在中职生生活事件量表中，列在第一位的是学习压力大。总感到是在巨大的考试压力下被动地学，而静下来想，为什么学时，会感到很苦恼。

③学习成绩不理想。虽然学习上很尽力，上职中就是为了求学，而学习成绩总是不理想，因而感到很自卑，也十分压抑。

④学习目的不明确。很多同学为了应付不得不参加的考试、不能不做的事而学习。有的学生甚至直截了当地回答：为了能够考试过关，至于为什么学则心中没有底。

（2）情绪问题　稳定的情绪、积极良好的情绪反映，是学生能够成才的重要因素，也是学生心理健康中值得重视的问题。

①抑郁。指个体心中持久的情绪以低落为主，常伴有身体不适、睡眠不足等。通常是感觉心情压抑、沮丧、无精打采、什么活动都懒于参加，什么事也提不起精神来，逃避参与。

②情绪失衡。中职生的社会情感丰富而强烈，具有一定的不稳定性与内隐性，表现为情绪波动大，高低不定，喜怒无定。许多人常会因一点小小的胜利而沾沾自喜，也容易为一次考试失败、情感受挫而一蹶不振，甚至无法控制自己的情绪反映。对中职生来说，特

别是负性情绪的控制相对较弱。

(3)性教育问题　性教育是健康教育,道德教育、文明教育,也是人格教育,基本得到了社会各界的认同,但性生理与性心理方面的问题并未得到很好的解决。由于性教育的严重缺失,很多学生不能正确认识自我的性反应,产生了堕落感、耻辱感与性罪错感,把性与不洁联系起来。

(4)特殊群体学生的心理健康问题

①独生子女心理健康问题。良好的经济条件,缺乏直接的竞争压力。由于在家庭中受到过多的呵护,他们的自立能力、独立生活能力、进取意识显得不足。有的独生子女对集体生活不适应,较少考虑他人,而考虑自己则很多;部分学生没有明确的学习动力,对生活质量的期待与要求较高,而对人生理想的追求则不够高。

②特困生心理调适。近些年以来,特困生的思想教育、生活受到社会各界的广泛关注,学校采取了"奖、贷、勤、免、补",广开渠道,解决困难学生的生活问题。

(5)中职生活适应问题　中职生活的重要内容之一是,帮助中职生适应中职生活,完成社会化,完成中职生作为"文化人"与"社会人"的培养任务。

①生活能力弱。作为社会一员,学生普遍不能够很好地处理自己的事务,学生连简单的劳动都不愿、不会从事,衣服找人洗、被子请人洗。

②中职生对挫折的心理承受力弱。目前的在校中职生,基本出生于国家改革开放之时,成长于国家经济发展之日。由于物质条件的逐步好转,兄弟姐妹减少,他们可以说是在学校"老师宠着",在家庭"父母捧着",是"一路高歌到中职",当面对挫折时,他们的心理承受能力常常会很脆弱。

3. 中职生心理问题的自我调适

(1)回避法　耳不听来心不烦,回避刺激转换大脑兴奋灶。

(2)淡化法　减少关注直至自然改变外部信息刺激的强度。

(3)转视法　横看成岭侧成峰,换个视角看问题。

(4)换脑法　转念一想豁然开朗,换一种认知解释事物。

(5)补偿法　改弦易辙不变初衷,失之东隅收之桑榆。

(6)降温法　退一步海阔天空,切合实际调整目标。

同步练习

一、选择题

1. 关于健康,以下理解正确的是(　　)。

A. 健康是指保持生理、心理及社会适应 3 个方面的完美状态

B. 健康是指没有生病或者体质健壮

C. 健康是人的身体、心理健康和对社会环境良好适应的总和

D. 健康是基本人权,达到尽可能的健康水平,是世界范围内的一项最重要的社会性目标

E. 健康是人的一项基本需求和权利,是社会进步的重要标志和潜在动力。

2. 心理健康的基本标准应包括以下几个方面(　　)。

A. 健全的意志、健康的情绪

B. 待人谦和、遇事不躁

C. 良好的适应能力、和谐的人际关系

D. 身体健康、性格开朗

E. 完整的人格、正确的自我评价

3. 健全的意志表现为（　　）。

A. 能适时地作出决定并运用切实有效的方法解决所遇到的各种问题

B. 充满热情,富有朝气,乐观开朗,满怀自信,善于自得其乐,对生活充满希望

C. 能在行动中控制情绪和言行,既不顽固执拗、轻率鲁莽、言行冲动,也不意志薄弱、优柔寡断、害怕困难

D. 在困难和挫折面前,能采取合理的反应方式

E. 善于控制和调节自己的情绪,既能克制约束,又能适度宣泄,不过分压抑,使情绪的表达符合自身的需求

4. 完整的人格的主要标准是（　　）。

A. 对自己的优点感到欣慰,但又不狂妄自大

B. 具有正确的自我意识,不会产生自我同一性混乱

C. 对自己的弱点既不回避,也不自暴自弃,而是善于正确地"自我接纳"

D. 人格结构的各要素完整统一

E. 把积极进取的人生观作为人格的核心,围绕这个中心把自己的目标、愿望、需求和行为统一起来

5. 良好的适应能力队中职生来说,主要表现在（　　）。

A. 与社会保持良好的接触

B. 对社会现状和未来有较清晰、正确的认识,思想和行动都能跟上时代的发展步伐

C. 不是被动、一味地迎合,而是在认清社会发展趋势的基础上,主动适应社会发展的要求

D. 不逃避现实,更不是一意孤行、妄自尊大,与社会需求背道而驰

E. 能客观地评价别人和自己,善于取别人之长补己之短

6. 下列中职生常见心理问题中属于强迫症的是（　　）,属于体像烦恼的是（　　）,属于恋爱受挫的是（　　）,属于社交恐惧症的是（　　）,属于学习障碍的是（　　）,属于抑郁症的是（　　）。

A. 一般出现在青春发育期,面对性别差异的突然出现,往往会不由自主地与他人进行对比,一旦出现较大的差距,其中的一些人就会产生烦恼

B. 反复出现在患者脑海里的某些想法、冲动、情绪等,患者能认识到这些是不必要的,很想摆脱,但又摆脱不了,因而十分苦恼

C. 面对不熟悉的人讲话、在众人注视下运动或与异性交往时,往往会出现显著的、持续存在的担忧或恐惧,担心自己将面临窘境或耻辱

D. 由于心理发展和生理发育的不同步,恋爱受挫往往使他们心灰意冷

E. 情绪异常低落,表现为极度忧伤、绝望、疲劳、身体疾病等

F. 一般这类患者的眼睛似乎与别人的不一样,好像"懒惰的眼睛",会漏掉许多明显的信息,表现在学习时视而不见,可以把整个题丢掉,事后却说自己没看见这道题

7. 当人们出现心理问题时,主要通过以下哪几种途径解决(　　)。

A. 心理调适

B. 心理发泄

C. 心理治疗

D. 吃药打针

E. 心理咨询

8. 处于青春期的中职生特点(　　)。

A. 中职生的身体生长速度逐渐减慢,趋于成熟,外表看来,中职生已是一个成人

B. 中职生的性机能已经发育成熟,性意识越来越强烈

C. 中职生心理发展正由幼稚向成熟过渡,起伏大、动荡大、思想情绪不稳定

D. 中职生的个性倾向带有明显的不稳定性,思维片面性大,容易偏激,形成感情冲动

E. 中职生渐趋成熟,判断和分析问题很有逻辑和调理,且具有很强的见解

9. 青春期注意补充营养是(　　)。

A. 碳水化合物、蛋白质

B. 膨化食品、碳酸饮料

C. 微量元素、水

D. 保健食品、矿物质

E. 维生素、矿物质

10. 中职生心理往往存在着种种矛盾,它们分别是(　　)。

A. 美好的愿望与厌学心理矛盾;享受主义与劳动淡薄的矛盾

B. 兴趣单一和学习不够集中的矛盾;创业和就业的矛盾

C. 自我封闭与渴望友谊的矛盾;独立意识与依赖性强的矛盾

D. 自尊心强和能力低的矛盾;父母溺爱和自我独立的矛盾

E. 情感与理智的矛盾;上进心强与控制力弱的矛盾

11. 中职学生普遍具有以下心理特点:

(1)害怕学习,成绩不稳定;

(2)做事缺乏耐心,自信心差;

(3)以自我为中心,逆反心理较强;

(4)情绪不稳定,自我控制力差;

(5)心灵空虚,追求新奇刺激的事物;

(6)存在一定的人际交往障碍,合作精神不够。

下面的一些表现与上面对应的顺序是(　　)。

A. 一件事情做了,但坚持不下去,一有困难就灰心丧气,没有一种积极向上的

态度

  B. 看到成绩,在短时间的懊悔后就抛之脑后,相当一部分甚至对分数没有感觉

  C. 高兴时做什么都好,不高兴时什么都不想做,哪怕知道是应该做的也不做,情绪起伏大

  D. 自我意识太强,凡事以自我为中心,把自己的利益看得很重,不顾及集体利益

  E. 性格内向,不善于和人交往,有意无意地封闭自己,走不出个人狭小的圈子

  F. 感觉生活无聊,于是通过上网、抽烟、早恋等方式来消磨时间,填充空虚的心灵

12. 下列属于中职生心理需要的是( )。

  A. 爱的需要

  B. 成就感的需要

  C. 独立自主的需要

  D. 尊重的需要

  E. 归属的需要

13. 下列属于性格缺陷的是( ),下列属于情感缺陷的是( )。

  A. 对客观事物和人际关系,表现出不必要的焦虑、紧张,经常忧心忡忡,疑虑不快

  B. 情绪经常处于忧郁、沮丧、悲哀、苦闷状态

  C. 情绪常处于不愉快状态,缺乏克服困难的勇气

  D. 人际关系和对社会的适应能力很差,判断和辨别能力不足

  E. 考虑问题常以自我为中心,遇事有责备他人的倾向

  F. 常有疑病情绪反应,有疑病不适症状

  G. 情绪高涨、兴奋,活跃好动,动作增多,交际频繁,声音高亢,有强烈的欣快感

  H. 性格内向,孤独怕羞,情感冷漠

  I. 平时性格黏滞,不灵活,遇到微小的刺激即引起爆发性愤怒或激动

  J. 经常呈现出激情状态,应视为心理缺陷

  K. 对外界客观事物和自身状况漠不关心,无动于衷。在人际关系方面表现为孤独不合群

  L. 心理年龄明显落后于实际年龄。情绪幼稚化,表现出"老小孩"式情感

  M. 感情丰富而不深刻,热情有余,稳定不足

  N. 往往对人、对社会表现出敌意和攻击行为

  O. 情感反常,不协调,甚至出现矛盾的情感状态

14. 下列哪些属于变态心理?( )

  A. 有酒瘾、反社会行为

  B. 心因性进食困难

  C. 精神分裂症

  D. 聋哑盲人的心理障碍

  E. 孤独不合群

15. 心理疾病主要包括哪些?( )

A. 人格障碍

B. 舞蹈症

C. 心身疾病

D. 精神病

E. 神经症

16. 中职生心理问题产生的主要原因有（　　　）。

A. 社会影响

B. 家庭影响

C. 书刊杂志

D. 学校教育不当

E. 学生自身心理因素

17. 中职生心理问题自我调适的常见方法是（　　　）。

A. 直面法、探索法

B. 转视法、换脑法

C. 探讨法、咨询法

D. 回避法、淡化法

E. 补偿法、降温法

二、简述题

1. 什么是心理健康？

2. 中职生对心理健康认识的误区有哪些？

3. 判断一个人身体是否健康,书中提到了 14 条标准来进行衡量,请简述一下是哪 14 条标准。

4. 什么是神经症,其特点是什么?

5. 试阐述中职生心理健康中值得重视的几个问题分别是什么?

第二章 悦纳自我，健康成长

教学目标

使学生懂得悦纳自我对于健康成长的价值，了解悦纳自我、直面人生挫折和困难的方法。培养积极、乐观、勇敢、坚强等心理品质，具有健康的生活态度和行为习惯。

教学要求

认知：了解自己的性格特征、行为方式和成长规律。

情感态度观念：积极接纳自我，学会欣赏自我，敢于接受生活的挑战，追求自己的人生价值。

运用：直面成长中的心理行为问题，做自信快乐的人。

知识梳理

一、中职生性格与健康

1. 人格

（1）人格的含义　人格指的是真正构成一个人特征的外在行为和心理状态、精神面貌的总和。人格是先天与后天综合作用的结果,需在社会生活中形成和体现,既可获得也可丧失,既可能健康也可能病态,同时也有完整与分裂、高尚与卑下、健全与缺损等差别。人格是一种一贯性、稳定性的心理特征,是人在社会生活中呈现出的整体的、综合的状态。人格可以是外在的,也可以是隐藏在内部的。

（2）人格的形成

①人格的形成与先天遗传因素有关,先天的遗传因素是婴儿初生时所具有的解剖的和生理的特征,包括脑和神经系统类型、内分泌腺以及身体外表的特征等。人们习惯在相貌、体格与人格之间寻找对应,以至把相貌、体格看做是人格标志,是决定人格的因素。

②人格的形成与后天的环境因素有关,行为和人格基本上是由外在环境塑造的,人之所以有个体差异,是因为他们有着不同的被强化的经历。一些心理学家研究了个体生活史对人格的作用。在所有的过去经验中,早期经验,也就是婴儿期与儿童早期的经验,最为重要。

③人格的形成也与教育因素有关,当代心理学家大都认识,在人格形成过程中,是先天与后天因素的相互作用的结果。人格是在个体生活过程中形成的,它以个体的神经解剖生理特点为基础,在极大程度上受社会文化、教育教养内容和方式的塑造,也是一个自我塑造、自我道德提升的过程。

2. 性格的含义与类型

性格这个词最早是由古希腊学者提奥夫拉斯塔首先提出的。其意思是人的特征、标志、属性、特性等。现代心理学家对性格的定义有所不同,但性格几乎和人格的定义相同,是一个人独特的心理特征的总和。这些特征表现在人对待事物的稳定态度和行为方式上。比如,一个人事业心强,有责任感,对人热情,人际关系融洽;而另一个人,生活没有追求,缺乏责任感,对人冷淡,以自我为中心。这些就属于性格上的特征。

性格的类型是指一类人身上所共有的某些性格特征的独特结合。比较有代表的是英国心理学家培英和法国心理学家李波的机能类型说、美国心理学家卡特尔的特性说、德国心理学家斯普兰格的价值观类型说。

3. 中职生的性格特征与心理健康

（1）性格特征　性格实质就是人格,它与人们日常生活中所说的人品、禀性等含义相近。人的动机、理想和信念是人对现实态度的不同表现,是性格的主要内容。按照个体心理活动倾向于外部或倾向于内部,把人的性格分为外向型、内向型和中间型。

外向型:人心理活动倾向于外部,表现为感情流露于外,对外部事物非常关心,活泼、开朗、善交际,不拘小节。

内向型:人心理活动倾向于内部,表现为做事谨慎、深思熟虑、沉着、孤僻、反应缓慢、适应能力差。

中间型：人的特点介于外向型和内向型两者之间。

（2）中职生人格心理中的不良品质

①偏激。偏激在认识上的表现是看问题绝对，片面性很大，要么就全好，要么就全坏，是一种不良性格品质。

②依赖。依赖主要表现为对个人的自理能力缺乏信心，遇事乞求他人帮助，生活上寻求父母的保护和照顾，是一种不良的个性倾向。

③嫉妒。嫉妒是一种忧虑、愤怒和怨恨他人优于自己的复合体验。

4. 中职生的性格形成

在职中时期，学校教育和环境、同学之间的相互影响以及各种广泛的社会影响更多地发生作用，在中职生活中对中职生性格产生影响的因素很多。中职生必须自主做出选择，事实上正是个体所做的选择不同，而使其人格表现出不同的特点。如果中职生能意识到这种变化，意识到自己对自己的塑造能力，主动、积极、正面地改造自己，能使自己形成一个良好的性格。

（1）中职生自我意识增强，自我认识和控制能力增强　中职生个人对性格的自我培养具有很大的意义。随着年龄增长，中职生的生理和心理不断成熟，理性思维能力增强，意识的自我调节功能不断增强。

生活阅历的增加和知识的增长、视野的开阔，使中职生能够通过自我分析，在自我认识、自我评价的基础上不断自我约束、自我教育。在职中时期，外部因素的影响都要通过自我调节起作用。因此，自我教育对中职生性格形成的作用是很大的。

（2）中职生主体地位确立　每个人完全有选择人格成长方向、自我塑造人格的自由和自主性。在现实世界中，人是唯一能够主宰自己命运的力量。因为人是主体，能够主动认识世界、改造世界，包括对自己的认识和改造。人应该是道德的主体，也就是说，道德在本质上是自律，是人自己主动约束自己。人是自己的主人，自己主宰自己。

中职生随着年龄的增长，身心的逐渐成熟，知识的不断丰富，社会对其提出了新的更高的要求。他们不仅要进一步掌握高等专业知识，而且要形成自我的道德观、价值观，以及一整套符合社会准则的行为方式，以得到社会的接纳与尊重。这意味着，中职生不仅面临着许许多多新的社会化任务，而且要重新评价过去所形成的观念及行为习惯。比如应该在这一阶段反思一下由于父母的宠爱所形成的自我中心，以及家庭的特殊环境、特殊事件对自己的影响，乃至父母或老师等的不良做法或不正确的观念对自己的影响，修正自身的不良性格。

二、健康人格及培养

1. 人格障碍的特征与类型

人格障碍也称人格异常，表现为成年期间的固定的适应不良行为的模式。人格障碍不是精神病，也不是神经病，但可导致本人生活上的困难或给他人造成困难。在中职生中也存在一些人格异常。

（1）人格障碍者的主要行为特征　紊乱不定的人格心理特点和难以与人相处的怪异

性格,不论其行为变异是被动还是主动,都会给他人造成困难,甚至带来灾祸;把自己的困难都归咎于命运不济或别人的差错,经常把社会或外界的一切看做是荒谬、悖理的;认为自己对别人可不负任何责任,总把自己的想法和利益放在压倒一切的位置,而不管他人能不能接受;无论走到哪里,都把自己的固定看法或猜疑、仇视带到哪里,从而使其行为影响新环境的气氛;他们对其怪癖行为对别人的伤害或影响泰然自若。

(2)人格障碍的类型   比较常见的人格障碍主要有以下几种。

①依赖型人格异常,属于轻微的人格异常。这一类型的人格异常开始于青年期,在各种环境背景下所表现出的广泛模式是:行为表现为依赖和顺从。

②强迫型人格异常,属于轻微的人格异常。这一类型的人格异常开始于青年期,在各种环境背景下所表现出的广泛模式是:过分的注意自己的行为是否正确、举止是否适当,因而表现的特别死板,处世缺乏灵活,缺少弹性;强烈的自制心和自我约束。

③自恋型人格异常,属于轻微的人格异常。这一类型的人格异常开始于青年期,在各种环境背景下所表现出的广泛模式是:幻想或行为上表现自大,缺乏同情心,对他人的评价很敏感,对他人的批评感觉愤怒、羞耻或侮辱(即使未表现出来)。

④回避型人格异常,属于轻微的人格异常。这一类型的人格异常开始于青年期,在各种环境背景下所表现出的广泛模式是:对社交感觉不适,害怕负面的评价,以及害羞、胆小。

⑤偏执型人格异常,属于中度到重度的人格异常。这一类型的人格异常开始于青年期,在各种环境下所表现出来的广泛模式是:过于坚持己见,不能接受他人的意见。

⑥戏剧型人格异常,属于轻微的人格异常。这一类型的人格异常开始于青年期,在各种背景下所表现出的模式是:过度情绪化及寻求被注意。

⑦反社会型人格异常,属于轻微的人格异常。这一类型的人格异常开始于青年期,在各种环境背景下的所表现出来的广泛模式是:攻击性强。

2. 中职生健康人格的培养

(1)中职生健康人格的标准   分析在校中职生的人格状况,了解企业对中职生健康人格的基本要求,调查毕业生就业后的人格特征,从而总结归纳出6点比较切合当代中职生实际、符合企业要求和社会发展的健康人格标准。

①正确的自我意识,表现在:自我剖析,自我定位,自我评价,自我调控和自我进取;知道自己的优点和缺点,对优点能积极地发扬,对不足能自觉地去改进。

②良好的性格特征,主要指:勤奋、勇敢、坚强、自信、谦虚、谨慎、积极、进取、细致、乐观、文明有礼等 。

③情绪稳定乐观,中职生要保持心理健康,就必须情绪稳定乐观。

④良好的社交能力,人际关系能力是一个优秀中职生应具有的基本能力,而交往能力则是促成人际和谐的必由之路,要创设自己的和谐人际关系,就必须掌握交往的技巧,具备较强的交往能力。

⑤良好的道德品质,良好的道德品质,应包括社会公德、人品修养、职业道德、组织纪律性、服从服务意识等。

⑥适应社会,正确择业,适应社会,包括岗位适应、生活适应、制度适应、环境适应、心

理平衡等。

（2）中职生健康人格教育的原则

①文化性原则。地理环境、民族特质、文化背景、社会阶层等这些社会文化方面的东西，不但长期地影响人们的思想观念和行为方式，而且对人格的形成也产生潜移默化的影响。

②技术性原则。职业学校本身是一种职业性很强的定向性教育，各类专业设置都充分体现其技术性的一面，人格教育要与技术教育融为一体，互相渗透，同时，掌握技术技能，也有助于健康人格的塑造；另一方面，人格培养又是一项技术性很强的工作，要想真正培养学生健康人格，首先要了解学生人格状况，这个工作过程就涉及心理学问题，如人格测量、分析学生人格特征等。

③适应性原则。这种适应性应是多方面的，其中主要的是教师适应学生的发展，在培养过程中，教师是主导，学生是主体，所以教师要为学生的发展提供各种适宜的环境，根据中职生的年龄特征，有的放矢。

④自我教育原则。在人格培养过程中，要充分发挥主体的能动性，使外来丁顶演变为自身需要，自己去主动培养，也即自我教育，如果主体能够意识清醒，把外化转变为自身需要，由他律转变为自律，那效果就非常显著。

⑤创造性原则。创造是促进社会变化的动力，创造是获取竞争胜利的重要途径。在培养中职生健康人格要有创造性原则，大胆鼓励学生求新求异。

（3）中职生健康人格的培养途径

①充分认识塑造健康人格的重要性。

②树立正确的人生观和世界观。

③中职生应加强人文知识的学习和熏陶。

影响中职生人格形成的因素还很多。比如：学校教育在中职生的人生观、价值观的形成中扮演着十分重要的角色，它通过对中职生进行社会理想教育，对其人格发生影响。班集体、同学之间也能对中职生人格的形成产生影响。从社会角度上说，相应地要求学校重视素质教育、人格教育，为中职生确立正确的人生导向。

三、挫折的概述

1. 挫折的含义

挫折为一个人在实现有目的的活动过程中，遇到无法克服或自以为无法克服的障碍或干扰，使其需求和动机得不到满足时所产生的紧张状态或消极的情绪反应。挫折一般应包括 3 个方面的含义：挫折情境、挫折认知、挫折反应。

（1）挫折情境　在有目的的活动中，使需求不能获得满足的内外障碍或干扰所实际呈现的情境状态或情境条件。

（2）挫折认知　挫折认知既可以是对实际遭遇到的挫折情境的认知，也可以是对想象中可能出现的挫折情境的认知。

（3）挫折反应　对于自己的需求不能得到满足而产生的情绪和行为反应。

2. 需求、动机与挫折

（1）需求　需求是人的行为和心理活动的动力基础和源泉，是人对客观事物的需求在大脑中的反映。心理学家也把促成人们各种行为动机的欲望称为需求。人的需求是多种多样的，而且随着社会历史的进步而不断发展。一般按需求的起源和对象可分为以下几类。

①从需求的起源分：可分为生存需求与发展需求。

②从需求的对象分：分为物质需求与精神需求两类。

（2）动机　动机是为实现一定的目的激励人们行动的内在原因，是在需求刺激下直接推动人进行活动的内部动力。

引起动机的两个主要因素是：内在条件和外在条件。

人的动机多种多样，可以从不同的角度进行分类。根据动机的引发原因，可以把动机分为内在动机和外在动机；根据相应的需求来分，人的动机分为生理性动机和社会性动机两种；从所起的作用分，动机可分为优势动机和辅助动机；根据动机持续的时间长短，可以区分为直接动机和间接动机；根据动机的意义，可以区分为合理的动机与不合理的动机。

（3）挫折与需求、动机的关系　动机、需求与挫折是相互关联的，有什么样的需求就有可能产生什么样的动机，当动机在实现目标的过程中受到阻碍，就有可能导致出现一定程度的挫折。

①需求与挫折的关系。需求并不一定导致挫折，而是间接影响挫折。一般来说，需求的层次不同、强烈程度不同，个体所遭遇的挫折也会不同。如果需求的层次越高，强烈程度越大，需求越难满足，则可能个体所受的挫折就越大。

②动机与挫折的关系。一般来说，满足需求的动机越强烈，行为的力度也越强烈，一旦不能实现，所遭受的挫折感可能就越大。动机指向的目标越难实现，客观条件越不成熟，产生挫折的可能性就越大。当出现动机的双趋、双避或趋避冲突时，动机主次先后的选择直接影响挫折的程度。此时如能恰当选择，减缓冲突，可以尽最大的可能避免挫折的产生。

四、影响挫折的因素及常见的心理挫折

1. 影响挫折的因素

面对失败，有些人情绪低落，一蹶不振，有些人百折不挠，顽强拼搏。为什么挫折会有这种个体差异呢？主要与以下两个因素有关。

（1）个人的挫折承受力　挫折承受力是指个人遭受挫折打击后，能够适应、抗御和对付挫折的一种能力。影响挫折承受力的因素主要有以下几种。

①期望值。一般来说，对目标期望值越高，目标达不到后所感受的挫折也越大。

②生理条件。身体健康强壮的人比体弱多病的人更能承受挫折的打击，而青壮年的挫折承受力往往要比老年人强。

③防御机制。能及时、适度地应用心理防御机制的人，更能承受挫折。

④个性特征。性格乐观开朗、意志坚强的人比性格内向、消沉抑郁、意志薄弱的人更能应付挫折。处事豁达大度的人比斤斤计较的人承受挫折的能力强。

⑤社会支持。人际关系良好、家庭和睦的人遭受挫折后能获得较多社会支持，比孤独无援的人更容易走出挫折情境。

⑥思想基础。政治觉悟比较高、思想比较成熟、政治斗争经验比较丰富的人对挫折的承受力强。

（2）个人的抱负水平　抱负水平是指个人对自己所期望达到的目标规定的标准。规定的标准高，表示抱负水平高，反之则低。由于抱负水平的高低不一，对挫折的体验也不同。

2. 个体应对挫折的策略

个体遭受挫折后主要靠自我克服和调整，其中包括提高挫折承受力，适时调整抱负水平；如自我克服和调整效果不理想，可以寻求身边亲朋好友的支持，必要时要寻求组织和专业机构人员的帮助。

（1）提高挫折承受力

①主动接受生活锻炼。为了提高挫折承受力，就需求自觉、主动地把自己放到一个充满矛盾、错综复杂的环境中去主动接受生活的锻炼。

②优化个性品质。对挫折的承受能力与个性品质有关。优化个性品质，培养个体进取性品质也是提高挫折承受力的一种必要途径。

③合理运用心理防御机制，减轻心理痛苦。心理防御机制是指摆脱精神紧张状态的心理适应机制，通过调整自身的价值系统，从而改变自己对挫折的认知和情绪反应，以减少精神痛苦，维护自尊心，求得内心平衡。

（2）寻求社会支持　社会支持是指一种特定的人际关系，如父（母）子（女）关系、亲戚关系、朋友关系、同学关系、师生关系等。受挫时，如果有知心好友或亲密家人给予安慰、关心、支持和鼓励，将会有效减少心理压力，降低情绪反应，从而增强挫折承受力，进而战胜挫折。中职生遇到挫折时，不应把自己封闭起来，同学们可以尽快找好友或家人倾诉沟通，从这些关系中得到关怀、爱护、支持和帮助等。

（3）接受专业机构和人员的帮助　如果挫折反应过于强烈或持续时间过长，对个体的学习、生活会造成严重的损害。而自我调整和身边亲朋好友的帮助又不能奏效时，应及时求助于心理咨询机构，让专业人员用心理学理论和方法更快、更有效地帮助解决，以便当事人早日从挫折中走出来，重新投入到正常的学习、生活中去。

3. 中职生常见的心理挫折

中职生活精彩纷呈，但也错综复杂，中职生许多有目的的活动要受到多种因素的制约，这些因素可能阻碍目标的实现。因此，中职生在学习、生活中，不可避免地会遭遇各种各样的挫折。

（1）学习挫折　中职生由于学习生活环境的变迁，在学习上面临新的竞争和考验。

（2）经济消费挫折　在市场经济大潮的冲击下，各种经济文化现象、消费观念、生活方式对当今中职生产生很大的影响。

（3）人生发展挫折　中职生这一群体具有较强烈的高层次的自我价值实现的需求，也有较明确的发展目标，如留校或毕业后谋得一份很好的职业，但在现实社会中，却难以事事如愿。

（4）心理冲突挫折　心理冲突是心理挫折的重要原因。

五、中职生性心理发展及其影响因素

1. 性的本质

（1）性的自然属性　性的自然属性是指男女在生理结构上的差异和人与生俱来的性的欲望和本能。从生物的本能看，性包括人的性欲和性活动。人的性欲来源于性激素的作用，在性欲支配下，经过两性器官的性活动，完成种族繁衍的作用。人的性欲并不神秘，它不过是如同人的饥饿与口渴一样的生理现象。所谓第一性征是指两性在生殖结构方面的差异，例如男性的主要性器官为睾丸，女性的主要性器官是卵巢，它们分别能产生精子和卵子，分泌雄性激素和雌性激素。第一性征是男性和女性的基本标志。第二性征单指显示两性差异的生殖器官以外的男女身体的外形区别，例如女性的乳房，男性的胡须等。

（2）性的社会属性　人的各种性需求，不仅包括生理需求，也包括社会性需求。就像人的本质是由社会关系决定一样，性的本质也是由社会关系决定。性的社会属性是性的本质体现。人的性行为必须通过婚姻、经济、伦理、道德、法律关系的规范才能实现。随着社会主义市场经济的建立，社会生产力大大提高，爱情在婚姻关系中的比重越来越突出，以生育为主要目的婚姻关系已经渐渐退出历史舞台，人们更多地把夫妻之间相互尊重、相互关爱、彼此沟通、心理相融的高度和谐的性生活，看做是一种崇高的精神享受。

（3）性是人的自然属性与社会属性的统一　性是自然属性与社会属性的统一。说明了性既要受人体发展的生物规律、自然规律的支配，又要受人类社会文化发展条件和各种社会需求的制约。

性的自然属性是人类生存和繁衍后代的生物基础，性的社会属性是人类文明进步发展的本质。

2. 性心理的发展

（1）性生理的发育成熟　进入青春期后，性器官开始迅速发展，逐渐获得生殖机能，是性发展成熟的决定阶段。从第二性征的出现到青年中期（16～18 岁），青少年已经能够体验到强烈的性冲动。

①性器官的改变。男性生殖大多于 13～14 岁开始发育，到了 15～20 岁，发育达到成熟水平。女性的性器官在身体骨骼发育的同时，就有了相应发展，相对于男性发育得较早。

②遗精。男性进入青春期后，随着性器官的成熟，开始出现遗精现象，男性第一次遗精一般发生在 14～15 岁，遗精的出现标志着生殖功能的初步形成。

③月经。月经是青年女性发育中的重要生理现象。月经一般每隔 28～30 天来一次，每次持续 4～7 天。月经结束后，子宫内膜开始复原并重新增厚，进入下一个周期。

（2）性意识的发展　所谓性意识，是指青少年对性的理解、体验与态度。青春期男女已经开始意识到自己的性别，意识到两性之间的关系。这是儿童所没有的。性意识的发展错综复杂，既充满矛盾冲突，又有一定普遍性，各种复杂情感交织在一起影响着青少年性意识的发展。

3. 青春期的心理特点

（1）性意识骤然增长

（2）智力水平迅猛提高

（3）自我意识强而不稳

（4）情感世界充满风暴

（5）兴趣爱好日益广泛

（6）人际交往欲望强烈

六、养成健康的性心理与行为习惯

1. 影响性心理和谐发展的几个因素

（1）传统性道德及文化教育的影响　几千年来封建的性禁锢使人们谈性色变，视性为丑陋、肮脏的东西，不可言谈。视性为不道德的性传统观念妨碍了青年性意识的发展，更进一步影响了他们正常人格的形成。与日益开放的性文化和青年日益发展的性意识相比，家庭和学校的性教育观念相对封闭和落后，远远不能满足青年的性心理发展要求，这给青少年的性观念造成了很大混乱，使他们感到无所适从，迷茫困惑，造成性心理冲突与紧张，严重影响了身心健康。

（2）性冲动　性冲动是在性激素和外界刺激的共同作用下所产生的，它既是一种正常的生理反应，也是一种正常的心理反应。有相当多的人对性冲动不能持有正确的接受态度。

2. 调节性冲动，形成健康向上的性心理和行为习惯

（1）性冲动的调节方法

①养成良好的生活习惯。要形成有规律的作息制度。平时应注意外生殖器的清洁，避免不洁之物刺激生殖器。睡觉时要减少对外生殖器的压迫和摩擦，不要俯卧睡，内衣要宽松。

②转移注意力，多参加一些有益的文体活动，如听音乐、打球等，这样可以转移"视线"。不要观看有性刺激的书刊、电影等。有些情景对人的情绪会有重要影响，或起制约作用，因而改变一下场景，也可以缓解性紧张，比如避免与异性单独相处的场合等。

③进行自我教育，采用自我暗示。青年人要锻炼自己的意志，一旦出现性冲动、性紧张，可进行自我调节、自我控制，暗自告诫自己：要冷静，不要冲动。

④偶尔手淫。对于实在难以缓解的性紧张，偶尔用手淫缓解一下，对人体无多大害处，但不要因为好奇或追求快感而频繁手淫。

⑤服用药物。若上述方法仍不能缓解性紧张，必要时可服用药物。可用的药物有两类。一类是镇静药：经常性的性紧张者可服用安定片，每天3次，每次1片（2.5毫克）；暂时性的性紧张者可一次服用安定2片。另一类是雌激素，能抑制体内的雄激素，使勃起功能暂时得到抑制。

（2）性心理健康标准　综合有关资料和性心理咨询的实践，可以初步提出下列一些参考标准。

①性心理活动与性行为表现基本一致。

②性心理、性行为的特点与生理年龄基本上相符合。

③性活动中情绪积极稳定,与当时所处的情境相适应。

④能随时调整自己的性行为,调适性心理。

⑤性活动中的个性特征完整和谐。

⑥性心理状态与社会环境协调。

⑦性的认知基本符合自身的社会文化背景。

⑧在两性人际关系中,能较好地进行社会性适应和相互适应。

(3)健康向上的性心理和行为习惯　青春期是一个很重要也很关键的时期,对待青春期这个年龄段的孩子,主要是多进行一些性方面的教育,这是促进这些青年男女性心理卫生健康的一个重要的措施和手段。由于人是作为一个完整的心身统一体对外作用的,所以对性的适应也是整个人格的适应。

①加强性教育。在我国,长期以来,性教育是一个禁区,经常出现"谈性色变"的局面。其实,"食色性也",人的性欲是一种自然属性,是正常的生理现象。性教育不只是性的教育,而且是人的教育,文明的教育。性教育对处于青春期的广大男女青年更有特别重要的意义。通过性教育,可以使他们懂得一些性的知识,正确对待青春期出现的一些性生理、心理现象,对性欲冲动保持理智的态度,使他们学会保护自己,调节自己,爱护自己,发展和完善自己,更好地预防在成长发育期间产生的性生理疾病和性心理障碍。

②减少与消除有害刺激的影响。色情的书刊、影视、图画等,对青年性欲冲动是一种极为强烈的不良刺激,不仅影响正常的学习和生活,而且容易诱使青少年走上性犯罪的歧途。所以,青少年要严格要求自己,抵制各种不良影像书刊的诱惑,确保自己有健康的精神生活。

③坚持异性间的文明交往 。从青春期男女青年自身来说,正值钟情怀春的初期,男女交往时应心地坦白、自然大方。当对某个异性产生好感时,要学会用理智控制自己,战胜情感的冲动。男女交往时要注意时间、地点、场合,把握情感的分寸,讲究仪表谈吐,做到文明礼貌,既要热情大方,又不可轻浮放荡;还要注意交往双方那种"言者无意、听者有心""自作多情"和"互相猜忌"的事情发生,努力把自己塑造成具有文明行为和高尚风度的青年人。

④培养强烈的事业心。青春期是人一生中的黄金年华。许多有志男女青年都能抓紧这大好时光,抱着为祖国建设多做贡献的雄心壮志而奋力拼搏。这种强大的动力,对于疏导、调节处于青春期青年的性欲冲动有着巨大的积极作用。

七、中职生情绪的特点及其分类

1. 情绪的含义及特点

(1)情绪的含义　所谓情绪,是指个体受到某种刺激所产生的一种身心激动状态。在情绪状态下伴随产生的生理变化与行为反应,当事人往往不易控制。情绪不是自发的,大多是外在的,是由引起情绪的刺激所产生的。客观事件或情境对人的意义可以有积极的影响,也可以有消极的影响。因此,情绪也有肯定与否定之分。对人有积极意义的事件可以引起肯定性情绪,如快乐、喜欢、高兴等;对人有消极作用的事件可以引起否定性情绪,如悲伤、厌恶等。有一些情绪是由人的内在生理变化而引起的,如腺体的分泌,器官的失常或一些内在的心理活动,记忆、想象等也会产生不同的情绪。每个人所体验的情绪性质,是主观的,不是客观的。不同的主体对同一件事可能会产生不同的情绪体验。

人类的情绪是非常复杂的。由情绪的含义,可以看出情绪包括外显行为、内在体验的生理唤醒等成分。它既是人对周围事物的态度的反映,也是人对自己所遇事物满意程度的反应,它是一个动态的过程。

(2)中职生情绪的特点 中职生处于这一时期的情绪活动具有以下3个特征。

①情绪强烈、不稳定,具有两极性。中职生的情绪带有明显的两极性,容易走极端,情绪高涨时像火山,情绪低落时又像冰川。

②情绪反应迅速,具有冲动性。中职生由于自我意识发展还不够成熟,强烈的情绪一旦爆发便难以控制,有时还可造成一些连他们自己都不希望出现的后果。

③情绪内容丰富,具有多样性。中职生有着强烈的求知和成才欲望,能够自觉地学习科学文化知识;他们十分渴望得到成人的理解与尊重;十分渴望与同龄人广泛交往。同时,又特别重视友情并讲义气,需求生活在友爱的集体中。独立、尊重、理解、交往、成才……如此广泛的需求决定了中职生情绪活动的丰富性、多样性。

2. 情绪的分类

(1)原始情绪

①快乐情绪,是一个人追求并达到目标的情境。目的达到和紧张解除的突然性,可以影响快乐的强度。

②愤怒情绪,是妨碍达到目的,特别是由于顽固的阻碍未能达到目的,随之而逐渐积累起的紧张。

③恐惧情绪,是一种企图摆脱危险的逃避的情绪。恐惧或许比任何一种情绪更具有感染力。

④悲哀情绪,与失去某种所追求的或所重视的东西有关。悲哀的强度依赖于所失去东西的价值,例如,极度的悲伤常常是由于失去亲人所引起的,深切的悲哀情绪同样也可以由失去贵重东西所引起。

(2)与自我评价有关的情绪

①成功与失败情绪,一般以个人的自我知觉、自我渴望水平来确定。

②骄傲与羞耻情绪,一般来说,骄傲的情绪是一个人知觉到他的行为是符合理想自我的概念时产生的,相反,羞耻的情绪是知觉到他的行为达不到自己的理想要求时产生的。

③内疚与悔恨情绪,内疚的情绪是主体知觉到个体在一定情境中的行为与这种情境要求的合理的、道德的或伦理的行动相背离时而引起的。悔恨是个体意识到自己的行为给他人造成了不良后果,从而产生感情上的自罪与自责。

(3)与他人有关的情绪 发生在人与人之间的情绪种类似乎无限繁多,按照积极与消极的程度,可以把它们分为爱和恨两大类:爱就是与他人认知的沟通,能够认可他人言行的一种反应;恨则与之相反。

八、中职生的情绪障碍及引起不良情绪的因素

1. 中职生常见的情绪障碍

（1）抑郁情绪　最常见的情绪障碍之一是抑郁。抑郁的认知症状包括：自我批评、无望感、自杀思维、无法专心和全面看问题的消极感。与抑郁有关的行为变化包括：与他人交往时退缩，不像以往那样从事许多享乐或愉快的活动，也无法振作起来开始一些活动。与抑郁有关的生理症状包括：失眠、比以前睡得更多或更少、疲倦、比以前吃得更多或更少、体重变化。伴随抑郁的情绪症状有：悲哀、暴躁、愤怒、内疚和紧张。对大多数人来说，睡眠障碍、食欲下降、愤怒等问题与抑郁有关。

（2）冷漠情绪　冷漠是个体对挫折情境的一种自我逃避式的退缩性心理反应，它带有一定的自我保护或自我防御性质。从表面上看，冷漠的人似乎对什么都不感兴趣，也不在乎，对周围的人和事总是无动于衷。按理说，在职中的生活应该是人一生中最多姿多彩、最富有热情的时期。然而，有的中职生会有一种"说不清"的压抑感，他们的内心充满痛苦。

（3）狂喜情绪　快乐的情绪对于每个人的身心健康和学业、事业的成功都大有裨益。积极的情绪虽有助于身心健康，但是，没有节制的"快乐"则南辕北辙，不仅伤身，还会在事后感到空虚，形成精神上的压力。就中职生而言，常见的狂喜情绪表现为：遇到一点儿高兴事就欣喜若狂、忘乎所以；为取得的一点儿成绩而沾沾自喜，长时间不能进入正常地学习、生活或工作状态；为满足兴趣爱好，尽情地投入（如运动、打牌、下棋、上网、跳舞等），以至于精疲力竭，无心学习或工作。由此可见，反应时间过长、程度过高、持续的狂喜情绪会乐极生悲，对身心大大不利。

（4）自卑情绪　自卑是一种带有自我否定倾向的情绪体验，是对自我的轻视或不满，总觉得自己不如别人。从外观上来看，自卑情绪体验较多的人常常少言寡语，多猜疑，不愿与人交往，行动上易退缩、易放弃。

（5）自负情绪　自负是与自卑相反的一种情绪体验，它是一种过度的自我接受。通常表现为自以为是，轻视他人。自负情绪会助长自私心理，容易破坏人际交往。中职生的自负情绪虽不像少儿那样"直白""外露"，但仍有言行上的显露，比如爱挑别人的毛病，很难听到他（她）对别人肯定性评价，对于别人的言行或成绩不屑一顾等。

（6）愤怒情绪　引发愤怒的事件类别与个人的经历、信念以及个人的生活规则有关。引发愤怒的事件类别也会因人而异。在特定的情境里，愤怒的程度受到对事件意义解释的影响。有时候，愤怒是非常正常的。太频繁的发怒，或是不会发怒，都可能成为问题。

愤怒情绪的程度可由暴躁到震怒。愤怒情绪的认知反应包括：别人的威胁或伤害、规则受到破坏、受到不公平待遇。与愤怒有关的生理反应有：肌肉紧张、血压升高、心率加快。行为上可能采取的方式有：防卫或拒绝、攻击或争辩退缩，借此达到处罚或保护的目的。

（7）焦虑情绪　"焦虑"这个词可用于描述许多问题，包括：恐怖（对特殊物体或情境的惧怕，例如高度、电梯、昆虫）、惊恐反应（强烈的焦虑感，在该情境里，人们感觉他们快疯了或快死了）、精神创伤后应激障碍（可怕创伤的记忆，重复出现且伴随高度的烦恼）、

强迫性神经症(重复或不断地思考或做同样的事情)和广泛性焦虑障碍(多数时候体验到忧虑和焦虑相混合的症状)。焦虑的生理反应通常是：双颊发红、掌心冒汗、肌肉紧张、呼吸困难、头昏眼花和心跳加速。与焦虑有关的行为反应有：避免可能产生焦虑的情境；当焦虑开始出现时，离开那种情境；总想把事物做得完美；千方百计地控制局面以防危险发生。伴随焦虑而来的情绪症状有：紧张、暴躁和惊恐。降低焦虑频率和强度最有效的方法通常有：认知重组、松弛训练(如肌肉渐进放松、呼吸控制、想象图像，分心法)、克服逃避和药物治疗。

2. 引起中职生不良情绪的因素

在现实生活中，引起中职生不良情绪的因素，或者说影响中职生获得满足的因素多种多样，概括起来大致有生理因素、心理因素和客观环境因素。

(1)生理因素 人的心理活动是在人脑中进行的，而人脑是由成百上千亿个神经细胞组成的，不论哪一种有害因素作用于人脑，破坏了大量的神经细胞结构，都会直接引起情绪的变化。因此，当躯体发生一些病变时，就会影响情绪。例如，缺氧、血管性疾病、中枢神经感染、营养代谢出现障碍、中毒(如药物中毒、食物中毒、煤气中毒等)、外伤(尤其是外伤致残)、肿瘤(尤其是等待病理结果及肿瘤性质确认后)以及内脏疾病等都容易引发情绪障碍。

(2)心理因素 心理学上普遍认为，情绪体验与心理反应是因人而异的。即在相同刺激的作用下，情绪在很大程度上取决于当事人对于该刺激的认知差异。简单地说就是，我们怎样理解问题，就会影响我们怎样应付问题。

(3)环境因素 生活中，有些人比较容易受到某些情绪的影响，造成这些差异的部分原因可能是生理、遗传或心理的。但另一个事实是环境也会影响一个人的情绪。就中职生而言，能够对情绪发生作用的客观环境因素有家庭环境、校园环境和社会环境。

家庭环境的影响最为深刻。家庭的"风吹草动"都可能触发情绪的变化；同样，如果有一个温馨的"港湾"，它会成为排解情绪困扰的最佳营地。对于中职生来说，校园是"第二个家"。几年的学习生活和集体生活既为他们提供了知识和智慧，也会带来一些压力与不快，所以难免有喜有忧，有哀有惧。社会环境对个体情绪的影响是不言自明的。这种影响主要取决于个体价值观以及对各种社会观念、社会问题和社会现象的看法和态度。

同步练习

一、选择题

1. 关于人格下述理解正确的是(　　)。

   A. 人格指的是真正构成一个人特征的外在行为和心理状态、精神面貌的总和

   B. 人格是先天与后天综合作用的结果，需在社会生活中形成和体现

   C. 人格既可获得也可丧失，既可能健康也可能病态，同时也有完整与分裂、高尚与卑下、健全与缺损等差别

   D. 人格是一种一贯性、稳定性的心理特征，是人在社会生活中呈现出的整体的、综合的状态

   E. 人格可以是外在的，也可以是隐藏在内部的

2. 人格的形成下面说法中正确的是(　　　　)。

    A. 人格的形成完全由生理、遗传因素决定人格

    B. 人格的形成完全由后天的环境影响而成

    C. 人格的形成是由生理因素和后天的环境影响决定的

    D. 人格的形成是完全由教育因素决定的

    E. 人格的形成是遗传因素和后天的环境、教育因素相互作用的结果

3. 下列属于外向型性格的是(　　　　),属于内向型性格的是(　　　　)。

    A. 人心理活动倾向于外部,表现为感情流露于外

    B. 对外部事物非常关心,活泼、开朗、善交际,不拘小节

    C. 人心理活动倾向于内部,表现为做事谨慎、深思熟虑

    D. 做事沉着、孤僻、反应缓慢、适应能力差

4. 中职生人格心理中的不良品质主要表现为(　　　　)。

    A. 恋物癖　　　　　　　　　B. 孤僻

    C. 嫉妒　　　　　　　　　　D. 依赖

    E. 偏激

5. 下列各种表现,属于依赖型人格异常的是(　　　　),属于强迫型人格异常(　　　　),属于自恋型人格异常的是(　　　　),属于回避型人格异常的是(　　　　),属于偏执型人格的是(　　　　),属于戏剧型人格异常的是(　　　　),属于反社会型人格异常的是(　　　　)。

    A. 自己无法作决定,也无法进行计划或执行计划,必须要依靠别人给予过多的指导或保证。不果断,也缺乏判断能力

    B. 行为表现无所畏惧,不顾一切,对人敌对,挑起争端,盛气凌人,时常表现出仇视,恶意中伤

    C. 经常恐惧自己会被抛弃

    D. 容易因为批评或不同意而受伤害

    E. 做事要求完美,甚至因此而妨碍工作的完成

    F. 当自己不属于受注意的焦点时,会产生不愉快

    G. 要求他人完全遵照自己的方式做事,或不相信他人而拒绝别人

    H. 过度献身于工作,因而放弃休闲活动或友谊(但无明显财产的需求)

    I. 以自我为中心,行为是为了获得立即满足,不能忍受延迟满足

    J. 过分的自我关心、自我中心和自尊自夸,常幻想自己了不起、有才学、有美貌

    K. 具有浓厚而夸大的情绪表现,如自吹自擂、装腔作势,过分拥抱普通朋友,在轻微伤感的场合不自制地啜泣等

    L. 相信自己的问题很独特,需求特别对象的了解

    M. 专注于充满成功、权利、成就、理想化的幻想中

    N. 过分关心自己身体的吸引力,表现为喜欢引起他人的注意和关心,爱虚荣,希望有兴奋性的事情发生

    O. 缺乏同情心,不能体会、谅解他人的感受

P. 专注于嫉妒他人的感觉

Q. 心理自卑，行为退缩，面对挑战采取逃避态度或无法应付

R. 容易因为批评或不同意而受伤害

S. 对自己过分关心，而又无端地夸大自己的重要性，自尊心极强，却很自卑，对批评特别敏感

T. 过分过高地要求别人，又从来不相信别人的动机和意愿

U. 极度的感觉过敏，思想、行动固执死板，坚持毫无根据的怀疑

V. 个体情感冷淡，孤僻独处

6. 中职生健康人格教育的原则是(　　)。

　　A. 文化性原则

　　B. 技术性原则

　　C. 适应性原则

　　D. 自我教育原则

　　E. 创造性原则

7. 挫折包括的含义有(　　)。

　　A. 挫折产生

　　B. 挫折认知

　　C. 挫折反应

　　D. 挫折情境

　　E. 挫折抚慰

8. 下列关于需求的叙述正确的是(　　)。

　　A. 需求是人的行为和心理活动动力基础和源泉，是对客观事物的需求在大脑中的反映

　　B. 从需求的对象分：可分为生存需求与发展需求

　　C. 从需求的起源分：分为物质需求与精神需求两类

　　D. 人要发展自己的能力，就要刻苦学习，钻研知识，追求和探索真理，这是发展需求

　　E. 信仰、文化、道德、理想、感情等需求是精神需求

9. 关于动机，下面说法中正确的是(　　)。

　　A. 根据动机的引发原因，人的动机分为生理性动机和社会性动机两种

　　B. 根据相应的需求来分，可以把动机分为内在动机和外在动机

　　C. 从所起的作用分，动机可分为优势动机和辅助动机

　　D. 根据动机持续的时间长短，可以区分为直接动机和间接动机

　　E. 根据动机的意义，可以区分为合理的动机与不合理的动机

10. 关于挫折与需求、动机的关系，下列叙述正确的是(　　)。

　　A. 动机、需求与挫折是相互关联的，有什么样的需求就有可能产生什么样的动机，当动机在实现目标的过程中受到阻碍，就有可能导致出现一定程度的挫折

B. 需求的层次不同、强烈程度不同,个体所遭遇的挫折也会不同。如果需求的层次越高,强烈程度越大,需求越难满足,则个体所受的挫折可能就越大

C. 一般来说,满足需求的动机越强烈,行为的力度也越强烈,一旦不能实现,所遭受的挫折感可能就越大

D. 动机指向的目标越难实现,客观条件越不成熟,产生挫折的可能性就越大

E. 当出现动机的双趋、双避或趋避冲突时,动机主次先后的选择直接影响挫折的程度

11. 影响挫折承受力的因素主要有(　　)。

A. 期望值、生理条件

B. 父母的理解和支持

C. 社会支持、思想基础

D. 社会经历、情商

E. 防御机制、个性特征

12. 中职生常见的心理挫折有(　　)。

A. 学习挫折

B. 人生发展挫折

C. 心理冲突挫折

D. 经济消费挫折

E. 恋爱挫折

13. 为了避免过多地遗精,青少年在日常生活中要注意(　　)

A. 不要过分疲劳,不酗酒

B. 避免色情电影、电视、录像、杂志、漫画的侵蚀

C. 保持生殖器的卫生,经常用清水清洗

D. 睡觉前不要过多喝水,保持侧卧睡眠姿势,以免膀胱压迫精囊造成遗精

E. 不要频繁地与女同学接触

14. 青春期的心理特点主要表现为(　　)。

A. 争强好胜而又寡断,乐于体验而不深思

B. 自我意识强而不稳,感觉世界充满风暴

C. 兴趣爱好日益广泛,人际交往欲望强烈

D. 性意识骤然增长,智力水平迅猛提高

E. 敢于冒险挑战,抗挫折力弱

15. 关于性冲动的调节方法,以下说法中正确的是(　　)。

A. 要形成有规律的作息制度

B. 平时应注意外生殖器的清洁,避免不洁之物刺激生殖器

C. 睡觉时要减少对外生殖器的压迫和摩擦,不要俯卧睡,内衣要宽松

D. 多参加一些有益的文体活动,如听音乐、打球等

E. 进行自我教育,不要手淫

16. 培养健康向上的性心理和行为习惯,主要可采取以下手段(　　)。

A. 加强性教育

B. 减少与消除有害刺激的影响

C. 坚持异性间的文明交往

D. 培养强烈的事业心

E. 与异性间探讨性

17. 下面关于情绪的理解正确的是( )。

A. 所谓情绪,是指个体受到某种刺激所产生的一种身心激动状态

B. 情绪不是自发的,大多是外在的,是由引起情绪的刺激所产生的

C. 对人有积极意义的事件可以引起肯定性情绪,如快乐、喜欢、高兴等;对人有消极作用的事件可以引起否定性情绪,如悲伤、厌恶等

D. 有一些情绪是由人的内在生理变化而引起的,如腺体的分泌,器官的失常或一些内在的心理活动,记忆、想象等也会产生不同的情绪

E. 每个人所体验的情绪性质,是主观的,不是客观的。不同的主体对同一件事可能会产生不同的情绪体验

18. 下列情况说明了中职生情绪强烈、不稳定,具有两极性的是( )。

A. 有时一个眼神或一句表扬,便会使他们受到鼓舞,感到激动

B. 当他们取得成绩时,兴高采烈,沾沾自喜,甚至得意忘形

C. 遇到挫折时,又会悲观失望,心灰意冷,甚至一蹶不振

D. 职中校园里因琐事发生口角,导致拳脚相加,甚至事态扩大,酿成多人参加的校园持械殴斗事件,严重破坏了学校的正常教学秩序,造成恶劣影响

E. 中职生有着强烈的求知和成才欲望,能够自觉地学习科学文化知识;他们十分渴望得到成人的理解与尊重;十分渴望与同龄人广泛交往

19. 下列情绪种属于原始情绪的是( ),属于与自我评价有关的情绪是( )。

A. 快乐情绪

B. 成功与失败情绪

C. 骄傲与羞耻情绪

D. 悲哀情绪

E. 愤怒情绪

F. 内疚与悔恨情绪

G. 恐惧情绪

20. 下列情况属于抑郁情绪的是( ),属于冷漠情绪的是( ),属于狂喜情绪的是( ),属于自卑情绪的是( ),属于自负情绪的是( ),属于愤怒情绪的是( ),属于焦虑情绪的是( )。

A. 自我批评、无望感、自杀思维、无法专心和看问题的消极感

B. 与他人交往时退缩,不像以往那样从事许多享乐或愉快的活动,也无法振作起来开始一些活动

C. 对什么都不感兴趣,也不在乎,对周围的人和事总是无动于衷

D. 遇到一点儿高兴事就欣喜若狂、忘乎所以

E. 为取得的一点儿成绩而沾沾自喜,长时间不能进入正常的学习、生活或工作状态

F. 为满足兴趣爱好,尽情地投入(如运动、打牌、下棋、上网、跳舞等),以至于精疲力竭,无心学习或工作

G. 常常少言寡语,多猜疑,不愿与人交往,行动上易退缩、易放弃

H. 爱挑别人的毛病,很难听到他(她)对别人肯定性评价,对于别人的言行或成绩不屑一顾等

I. 有的人可能因排队而愤怒,却能镇静地倾听班主任对其行为表现的批评;有的人可能可以安心地排队,但对于任何同学批评他的缺点却会强烈地反击

J. 双颊发红、掌心冒汗、肌肉紧张、呼吸困难、头昏眼花和心跳加速

二、简述题

1. 什么是性格,它有哪些类型?

2. 简述中职生的性格形成和培养的意义。

3. 什么是人格障碍,其主要特征是什么?

4. 中职生健康人格的标准有哪些?

5. 简述中职生健康人格的培养途径。

6. 简述如何提高挫折承受力?

7. 简述中职生心理冲突有哪些?

8. 简述性的本质。

9. 如何判断性心理和性行为是否正常?

10. 简述引起中职生不良情绪的因素。

第三章 和谐关系，快乐生活

教学目标

了解生活中面临的心理困扰和心理行为问题,拒绝不良诱惑。掌握建立和谐人际关系的方法,积极地适应社会生活,提升人生意义和生命价值。

教学要求

认知:了解人际交往和社会适应障碍的成因,理解和谐人际关系、快乐生活的意义。

情感态度观念:热爱生活,崇尚人际交往中的尊重、平等、谦让、友善和宽容,反对自我中心、霸道和恶意报复,追求健康的生活方式。

运用:运用积极的应对方式适应生活,提升自己的生活质量。

知识梳理

一、做个受同伴喜欢的人

1. 中职生人际关系不良的类型

（1）交往困难　渴望与人交往，但交往能力有限、方法欠妥，或者自己的个性缺陷、交往心理障碍等原因，致使交往效果不尽如人意。

（2）与个别人难以交往　与多数人交往良好，关系融洽，但与个别人交往不良，感到困难，他们可能是室友、同乡或者与自己关系比较亲近的人。

（3）不想交往　缺乏交往的愿望和兴趣，他们认为人际关系不重要，甚至瞧不起所有的人，自我封闭，孤芳自赏，性情内向，少言寡语，一些人可能还存有某些怪癖。

（4）缺少知心朋友　可以与大多数同学进行正常交往，但缺乏能够互吐衷肠、肝胆相照、配合默契、同甘共苦的良朋知己。

（5）社交恐惧症　虽有与人交往的愿望，但因与人交往时心跳加快，面红耳赤而失败，转而害怕与人接触，自己封闭自己。

（6）不能深入沟通　虽然能与其他人交往，但是关系非常一般，沟通质量不高，与多数人的关系仅是"点头之交"，没有知心朋友，既没有人值得他牵挂，也没有人会想念他。

2. 中职生人际交往中需要掌握的几点技巧

（1）诚信为本，以诚相待　诚信就是要诚实、守信用，正直无私、表里如人、襟怀坦荡、言行一致、遵守诺言。诚信是与人成功交往的基础，要让别人了解自己，就必须坦诚相见，开诚布公，只有这样，对方才会感到你信任他（她）；感到你人格正直，忠诚老实，是值得信任的；能帮助对方了解你，使其由此产生相同的情绪体验；能够引起对方的回报，也乐于展现他（她）自己的内心世界，从而使彼此找到更多共性，增加好感，双方相处愉快。

（2）保持自信，露出微笑　中职生在与人交往时，不要小声嘀咕你要讲的话，要理直气壮地讲出来；不要垂头丧气，要昂起你的头，挺直你的双肩，迈出充满自信的步伐。同时又要注意，不要表现出傲气轻狂，过于相信自己而不相信他人，只关心个人的需要、强调自己的感受而忽视他人。微笑是一座能缩短心理距离、加强友谊合作的桥梁，微笑能让你赢得美好的第一印象，微笑能使人性格开朗、乐观，能使大家理解、团结。与素不相识的人初次相见时，先送上一个满面春风的微笑，随后的交往就会顺利、融洽得多。

（3）尊重对方，学会赞扬　人人都有自尊心，人们最迫切的需要之一就是希望自己被重视。对别人要认可，要相信，与人交谈时，要学会主动倾听，不要心不在焉，要照顾对方的面子，不要随便揭人隐私。要学会称赞他人，真诚的赞美可以使人振奋精神、恢复自尊。

（4）平等待人，大度为怀　以平等的态度与人交往，不要凭自己的长处、优势盛气凌人。与人交往时，要理解别人，对于别人的错误、过失，应该表现得大度些，不要斤斤计较，以免因小失大，伤害相互之间的感情。为人处世要心胸开阔，宽以待人。

二、与异性交往保持适度原则

1. 区分友情和爱情的界限

（1）友情与爱情概述　友情和爱情，都是属于广义的爱情的一种。友情是爱情的基础；爱情是友情的发展和质变。两者有联系，亦有质和量的区别。友情可以发展为爱情，亦可永远发展不成爱情。友谊的最显著特点是不排斥他人，可以是三五人或更多的人形成的朋友关系。这种友谊可以是短期的，也可能是长久的。友谊结束不对彼此造成心理伤害，因为友谊是多元化的。爱情则不同，它含有几个方面的内容：两性之间在体貌上互相吸引，在精神上产生共鸣，在文化层次、教养水平、人生目标、价值观及生活方式、审美情趣和兴趣爱好等方面都具有相当的一致性。

(2)友情与爱情的区别　日本有位心理学家专为区别友情与爱情提出了 5 个指标。

①支柱不同，友情的支柱是"理解"，爱情的支柱则是"感情"。

②地位不同，友情的地位"平等"，爱情却要"一体化"。

③体系不同，友情是"开放的"，爱情却是"关闭的"。

④基础不同，友情的基础是"信赖"，爱情却是纠缠着"不安"。

⑤心境不同，友情充满"充足感"，爱情则充满"欠缺感"。

2. 与异性交往的原则

(1)集体交往　尽量避免个别朋友的密切交往。

(2)自然交往　言语、表情、行为举止及情感流露要自然、顺畅。既不过分夸张，也不闪烁其词；既不盲目冲动，也不矫揉造作。要恰当地表现自己。

(3)适度交往　不要故意疏远，也不能过分亲密，要保持适当的心理和空间距离，做到诚恳待人和热情大方。

(4)保持独立　要有独立性，不能过分依赖朋友。每个人都应有自己独立的心理世界，要学会独立思考与感受。

(5)尊重对方　交往中要尊重对方，所言所行要留有余地，不要毫无顾忌，谈话涉及一些敏感话题时要回避。

(6)自尊自重　同异性交往时要自尊自重，更不能自作多情。

3. 与异性交往的方法

(1)要克服羞怯　与异性交往要感情自然，仪态大方，不失常态。以免使正常的异性交往误入歧途。

(2)真实坦诚　在交往过程中要做到坦荡无私，以诚相待，这是建立和发展良好关系的前提和基础。切忌以"友谊"或"友情"为幌子招摇撞骗，心术不正地骗取异性的感情。

(3)留有余地　虽然结交的是知心朋友，但是，所言所行要留有余地，不能毫无顾忌。交往中的身体接触要把握好分寸，不能过于轻浮，也不要过分拘谨。在与某一个异性长期交往中，要注意把握好双方的关系程度，不要走得"太深""太远"，以免超越正常交往的界限。另外，男女交往还要在谈话中避免纠缠那些不良情绪、行为；在集体活动中避免过多的单独相处；在交友范围上不作过多限制。与更多的同性异性同学交往，也可避免异性单独相处时产生的不适应和不自然心理。

三、正确认识师生关系

1. 师生冲突的分类

根据冲突产生导因，有学生过错冲突和教师过错冲突；根据行为目的指向，有手段性冲突与目的性冲突;根据冲突的表现形式,有显性冲突和隐性冲突;根据师生冲突过程,有持续性冲突和偶发性冲突;根据师生冲突发生环境,有课堂冲突和课下冲突;根据师生冲突性质,有建设性与破坏性师生冲突。

2. 师生冲突的主要表现

师生冲突主要表现为 3 个层次:首先,学生表现出对老师的反感、爱理不理、不回答教师的问话。其次,发展到同老师顶嘴,甚至背后对老师恶作剧等。最后,直接同老师争吵、斗殴等。

3. 师生冲突的原因

(1)从学生方面看 中职生系十二、三岁到十七、八岁的青少年,正处于青春发育期。这个时期,他们的身体迅速发育成长,各种器官的功能日趋成熟。但是,心理上正处于危机重重的"心理断乳"时期。因此,心理的发展却跟不上生理的发育,从而使其产生心理上的动荡性,情感上的冲动性、易变性,思维上的片面性和表面性。他们好怀疑、反抗、固执己见、走极端;易恼气、争吵、打架。往往理智驾驭不了感情,尤其反感教师那种絮絮叨叨的管教,如果处理不当,就会造成教师与学生之间的隔阂和对立。

还有,后进生的思想觉悟往往比较低,沾染了一些不良习惯,他们不遵守纪律,经常违背道德准则。特别是逆反心理和称霸心理强的后进生,若教育不当,更易产生师生冲突。

(2)从教师方面看

①教师自身素质不高,没得到学生的信赖。

②在教育教学中,方法简单粗暴是引起师生冲突的直接原因。

4. 师生冲突的防治

防治师生冲突的关键在于教师。因此,教师应该多从自身找原因,化解师生冲突。学生心理的发展水平是多层次的,反映客观世界的思想矛盾是多方面的,教师应对矛盾的性质和内容作具体分析,区别对待。

(1)做为人师表、德高望重、多才多艺的教育者 教师本身就具有教育意义,教师良好的行为无一不对学生起着潜移默化的影响作用,如果说教师没有良好的师德,就会丧失教育的权威性,也会给学生造成极其消极的影响。

(2)建立平等互助的师生关系 平等互助的师生关系是教育成功的桥梁。在相互尊重的师生关系里,是绝不会发生师生冲突的。相反,在恶劣的师生关系中,学生会形成冷漠、仇恨、鄙视、散漫等恶习,师生冲突就会随时发生。

(3)重视学生心理特征,改进教育方法,提高教育艺术 教育的问题,关键是方法问题。要制止师生冲突的进一步发生,教师要有清醒的头脑,要从学生心理实际出发,选择正确的方法方能达到目的。

(4)正确运用"严",做到"宽""严"相济 有的教师认为:"严是爱""宽是害""对学生越严越好"。甚至对学生违纪或不完成作业,就施行严格的惩罚。久而久之,学生当然就会同老师发生冲突。"严格要求学生"是教师对学生负责,对教育事业负责,是必要的,但"严"也有一个"度"的问题。

四、建立良好的师生关系

1. 从教师方面来看，可以从以下 3 个方面做起

（1）教师要树立正确的学生观 所谓学生观即是指教师对学生的看法或所持的态度。不良的学生观有两种：一种是："专制型"的学生观，主要表现为教师把学生作为接受知识的"容器"对待，要求学生对教师保持绝对遵从。另一种是"放任型"的学生观，即把学生当做"完全成人"看待，遵循学生绝对自由信条。在这种学生观指导下的师生交往会导致我行我素，随心所欲，缺乏集体意识，不守社会规范。

（2）师生之间要相互尊重、相互信任 教师应紧紧抓住"动之以情、晓之以理、导之以行"这 3 个环节，对学生倾注爱心，尊重学生人格，要承认学生的主体意识，在学生面前不要盛气凌人，即使学生有什么过错，也切忌讽刺、训斥，只能"和风细雨"地讲明道理，引导学生健康成长。而学生也应尊重教师劳动，体谅教师的艰辛，"亲其师"。

（3）健全和强化师生交往的原则 交往原则是指教师和学生在师生交往活动中所必须遵循的基本要求。教师在课堂中的交往原则就是教师职业道德守则和《教师法》，学生在课堂中的交往原则就是学生守则和日常行为规范要求。

2. 从学生角度，可以从以下几个方面着手

（1）尊敬老师，积极交流 中职生在教学、生活、为人处世等方面，真诚坦白地与老师交换意见，加强沟通，弥补自己学习生活中的不足。

（2）加强自律，理解老师 应记住学生的角色，即使遇到老师误解自己或评价欠公正，也应积极沟通，多理解老师，同时设法让老师理解你，切不可当面顶撞，更不该背后议论。

（3）在专业学习中多交往 作为中职生，学好每门课程，达到培养目标的要求，多请教，多与老师讨论，从而学习新知识、治学方法与分析、解决问题的能力，在这些教学交往中增进了解，和谐师生关系。

（4）采取丰富多样的沟通方式 应当充分利用灵活多样的沟通方式：短信、电话、信件（邮件）、面谈、组织班级活动等，尤其是充分利用网络沟通。

五、校园暴力及其他不良诱惑

1. 什么是校园暴力

校园暴力问题在不同的社会、不同的国家会有一些不同的特点，但是人们对暴力事件的一些构成要素在认识上还是一致的。首先，校园暴力是由个体或群体实施的一种侵犯性行为，是一种基于恶意、任性或是故意的有目的行为，目的是让受害者产生心理上的恐惧、痛苦或身体受到伤害的行为。其次，它是一种基于个体或是群体在体能、心理或社会地位等方面的力量不平衡所导致的权力滥用现象，其典型结果往往表现为对受害者实施心理或身体上的伤害和压迫行为。

2. 校园暴力种类

肉体伤害；校园凶杀；校园抢劫；校园性侵犯；校园黑社会。

3. 校园暴力的危害

校园暴力在很多人的心里都留下了很深的烙印。这种不良影响,不仅仅体现在受害者,也使施暴者在心灵成长和社会前途中增添了大量的阻力。

(1)施暴者 那些常在中小学打架,特别是加入到暴力帮派的学生很多都走上犯罪道路;很难获得社会(主要是学校和家庭)的认可,社会归属感长期得不到满足;喜欢畸形发展道路,好逸恶劳,不善于积累,难以感受到小成功的激励。

(2)受害者 肉体损伤甚至残疾;缺乏信心和勇气,自卑,逃避;心灵的阴影和伤害。

4. 校园暴力的原因

当代青少年学生在心理方面的过分自尊、自我、自私以及法律意识的淡薄是导致校园暴力事件屡屡发生的主要原因。

具体来讲,有以下几个方面原因。

①有些学生醉心黑帮寻仇等暴力影视作品,沉迷凶杀、打斗等暴力网络游戏,受其中宣扬的错误人生观,价值观毒害,视武力为解决问题的唯一方法。

②由于过于沉湎网络,在现实生活中容易混淆网络世界与现实世界的界限,漠视他人健康乃至生命。

③有的学校不重视对学生的法律意识教育,法制教育流于形式或是缺失。

④有的家长忙于生计和应酬,无暇顾及子女的教育。

⑤当前学校唯分数论的教育土壤,以学业成绩的高低决定着"好生""差生"的称呼,一旦引导不好,好生易骄傲,差生易自卑。

5. 其他不良诱惑

校园不良诱惑潜移默化地侵蚀学生的身心健康,其危害不容小觑。概括说来,校园不良诱惑主要有以下几个方面。

①学生看武侠、言情小说已经是较普遍的现象。

②沉溺网络。网络是一个虚拟的社会,虚拟的事物归根到底是一场梦,偶尔的邂逅,逝去了就别再留恋。如果一味地沉迷其中而不知自拔,最终受骗的还是自己。

③青少年的酗酒行为已屡见不鲜。比如同学过生日,请客吃饭,往饭桌上一看,酒已围满了圆桌,同学之间你吃我喝,根本忘却了自己的学生身份……

④早恋似乎成了一种"风俗",没有社会的舆论,没有自我的觉悟,于是在那份追逐风流、嬉戏欢笑中耽误了美好的时光,虚度了青春年华。

⑤有些学生一味地追求时尚,和别人盲目攀比:咖啡只要雀巢的,衣服只要阿迪的,球鞋只要耐克的……一味地追求品牌,只是为了得到别人羡慕的眼光。

⑥由于中职生缺乏辨别力与自控能力,还会经不住诱惑,一不小心沾上毒品,变成吸毒者。

六、远离不良影响,健康生活

1. 应对校园暴力

应该建立学校、家庭、社会"三位一体"的法制教育模式,发挥来自公检法等部门的法制作用,通过以案释法、案例图展、组织参观少管所和旁听少年犯案件庭审等方式,对学生进行深入浅出的法制教育。

2. 预防艾滋病

（1）了解艾滋病　艾滋病,英文缩写为 AIDS,中文全称为获得性免疫缺陷综合征。AIDS 是由艾滋病病毒引起的传染病,艾滋病病毒侵入机体后,破坏机体免疫力,使感染者变得虚弱,无法抵御各种微生物、寄生虫感染和癌症的侵袭,最终死于各种继发性疾病。目前还没有有效的治疗方法,故又有"超级癌症"和"现代瘟疫"之称。

被艾滋病病毒感染的人称为艾滋病病毒感染者。当艾滋病病毒感染者的免疫系统受到艾滋病病毒严重破坏,不能维持最低的抗病能力时,便发展成为艾滋病病人。

（2）艾滋病的传播途径

①性传播。

②血液传播。

③母婴传播。

（3）艾滋病的预防　目前艾滋病尚无根治方法,因此应注重预防。常用的有效预防方法有以下几种。

①普及艾滋病防治知识,使人们了解艾滋病的病因、传播途径、临床表现等。艾滋病的传播途径有:性接触传播、经血液传播和母婴垂直传播。

②避免不洁性交,尤其是避免与艾滋病病人发生性接触。

③对供血者进行 HIV 病毒检测,抗体阳性者禁止供血。尽量减少血液制品的使用,必须用时首选国产血液制品。

④不共用针头和注射器及牙刷、剃须刀等可能被血液污染的物品。

⑤患艾滋病及感染艾滋病病毒的妇女应避免妊娠。

⑥加强国境检疫,防止艾滋病的传入。

3. 拒绝毒品

（1）毒品的危害

①吸毒对人的身心危害极大。吸毒会对身体产生毒性作用,表现为嗜睡、感觉迟钝、运动失调、幻觉、妄想、定向障碍等;导致戒断反应,它是长期吸毒造成的一种严重和具有潜在致命危险的身心损害,通常在突然终止用药或减少用药剂量后发生,表现为全身疼痛、顽固性失眠、焦虑和内心渴求等,是吸毒者戒毒难的重要原因;出现精神障碍与变态,最突出的表现是幻觉和思维障碍,有时会丧失了正常的伦理观念、道德观念,甚至丧失人性;感染各种疾病,静脉注射毒品给滥用者带来感染性合并症,最常见的有化脓性感染和乙型肝炎及令人担忧的艾滋病,此外,还损害神经系统和免疫系统等。吸毒还是严重传染病特别是艾滋病传播的重要渠道。吸毒者常常共用针头注射引起交叉感染,或是卖淫、嫖娼而传播艾滋病毒。

②耗费大量资财,诱发违法犯罪。按吸毒人员日均吸食海洛因 0.5 克计算,每人每天至少需花费毒资 200 元,这样的话,全国每年因吸食海洛因直接耗资就要多少个亿? 每克海洛因在我国地下交易市场的中间价为每克 240 元人民币,假定全国登记在册的吸毒者每年消费 15～20 吨海洛因,那么仅此一项,就需花费人民币 50 亿元左右。国家为打击毒品违法犯罪、"教育、缉毒、戒毒"三环节投入的费用又要多少个亿? 为维持吸毒需要,许

多吸毒人员走上以贩养吸、抢劫、盗窃、卖淫等违法犯罪道路。

（2）毒品的预防

①拒绝抽烟。要知道从吸烟到吸毒只一步之遥。几乎所有吸毒的青少年都是从吸烟开始的，吸烟为毒贩提供机会，他们会因青少年的无知好奇，不易防备而设下种种圈套引诱。

②麻醉药品和精神类药物，如安定片、三唑仑、唉托啡等药品不能滥用。

③决不尝试第一次。吸毒人员的亲身体会："一日吸毒，永远想毒，终身染毒。"

④决不与吸毒者交友，决不能以身试毒。

⑤学会拒绝吸毒的方法。要懂得分辨善恶，遇到坏朋友引诱时，抱定永不吸毒的信念，坚决拒绝。遇吸毒人员迅速离开，并及时向公安机关报告，坚决不与之交往。

⑥毒品违法行为有吸食和注射毒品的行为，是一种违反治安管理的行为，应给予治安处罚、劳动教养，并对吸毒成瘾的人予以强制戒毒。

七、尊重父母，重视沟通

1. 尊重父母长辈，积极主动沟通

在中职阶段，同学们正处于青春期，一个非常明显的特征是：大家都以为自己长大了，强烈地要求独立，成人感强烈，希望和大人一样地分析、解决问题，不喜欢被束缚；他们更愿意把自己的心里话讲给朋友，而不是父母。

父母与孩子的沟通中，确实存在着一些小冲突：家长问得最多的是"你在学校怎么样，处于哪个层次？""考试了吗，考多少分呀？""作业完成了没有？"……而这些恰恰是同学们最讨厌的问题；有的家长还在沿用自己儿时的教育方式，来教育现在的孩子。

对于父母与子女之间存在的沟通问题，子女应积极主动地与父母沟通，不妨从以下几个方面着手。

（1）要自觉地尊敬父母 深刻体会父母养育的艰辛，重视父母真实而宝贵的人生经验，虚心地听取他们的教诲，接受他们正确合理的建议和要求。即使他们的意见有错也不要公开顶撞，而要用温和、委婉的方式表明自己的看法，使他们在得到尊重和心理满足的同时，平心静气地分析并最终愉快地接受自己的意见。

（2）多与父母谈心，缩短感情距离 由于父母和我们在生活环境、社会责任、社会地位上的差别，在思想、观念、行为方式等方面有较大的不同。上代人往往比较传统、实际、保守，原则性强，思考全面，顾虑多；而年轻人则较多地与时代接轨，开放、易接纳新事物。作为子女，我们应主动地与父母沟通，可通过谈心、讨论等方式，增进彼此的相互了解，取得信任，达到感情和心灵的融洽，代沟也就可以彼此跨越了。

（3）三思而后行 中职生思想开放，敢作敢为，勇于冒险，这对自己的学习和生活有积极作用。但在与父母的沟通中不可如此"血气方刚"，相反要学会冷静，遇事三思而后行，并善于反思反省。这样不仅可避免因冲动产生不愉快，而且还可以博得父母的信任，进而尊重你的意见，从而产生亲密、和谐、轻松、融洽的家庭气氛。

（4）技巧、艺术化地处理分歧和矛盾 当与父母在某些问题上产生分歧时，不要一味地抱怨父母不理解自己，不了解当代中职生的心理特点和需求。应该客观地分析、评价自

己与父母双方面的观点与出发点，心平气和地承认自己的不足与错误，欣然接受父母的合理化建议。即使自己的要求是合理的，意见是正确的，也不要和父母进行言语的冲撞，强硬指责父母不理解自己、不信任自己或是不讲道理，而是要学会"换位思考"，尽力站在父母的角度理解父母，并通过协商、冷静处理等方法技巧性地解决分歧和冲突，尽可能缩小与父母之间的代沟。

2. 学会和父母相处

尽管中职生与自己的父母之间有着区别于他人的血缘关系，但是，由于自身所处的年龄、性别、经历，以及在家庭中的角色不同，中职生与父母会有不同的心理需求，对同一事物也会有不同的看法。

比如，你的父母可能常常认为你还是一个不懂事的孩子，缺乏人生经验。作为过来人，他们对你的管教总是有道理的，你应该多听大人的话，少走弯路。然而，你可能却觉得自己已经长大了，应该有更大的自由空间，不必事事听别人的。

其实，你和父母的想法都有一定的道理。如果你们从不考虑对方的想法是否有道理，而只是强调自己是正确的，你与父母之间的关系就永远不会得到改善和深化。

任何一桩令人满意的人际关系都不是从天而降，而是双方努力栽培的结果。你与父母的关系也不例外。如果你愿意，你可以主动迈出第一步。

要知道，从你的爸爸妈妈成立家庭的第一天起，你的家庭便开始经历它特有的生命周期。正如一个人的一生要经历不同的时期一样，家庭也要经历不同的阶段；在不同的阶段中，每个家庭成员之间的关系都会发生变化。当你进入青春期的时候，你与父母之间的关系从原来的未成人与成人的关系逐渐转变为成人与成人之间的关系，父母之间的关系也会发生不同程度的变化。你和父母都要主动适应这种家庭关系的质的变化。

父母是人而不是神。他们可能和你一样，一时还不能适应家庭关系的这种变化。他们习惯于用过去一切包办的方式与你相处，因此，引来许多烦恼。你可能还不知道，父母是多么需要有一段时间来了解和适应这种变化，并和你一起寻找和睦相处的最佳办法啊！作为他们的孩子，你是不是也有责任与父母配合呢？

正如你在学校可能会遇到使自己不愉快的事情一样，父母也会在家里家外遇到不顺心的事，也会因为疲劳过度心情烦躁。如此说来，要求父母永远说有道理的话，永远作有道理的事，是不是也不太现实呢？

有了这样的基本认识，你可能会对父母有更多一些的体谅、理解和尊重。你所表达的态度更容易被他们接受。

追求独立是一个人走向成熟的表现。可是，父母很可能一下子还不能适应你追求独立的愿望和行动。或许从出生至今，父母一直习惯于作你的保护伞，愿意事事为你包办，他们可能觉得这是对你的关心。

你不妨在与家人聊天时问问父母，他们像你这么大的时候，他们有些什么想法和愿望？他们的父母容许他们做什么，不容许他们做什么？他们是如何争取更多的自由的……父母在回忆自己少年往事的时候，一般会很自豪的，在不知不觉中放下家长的架子与你敞开心扉。这时，他们更容易理解你目前的经历和感受，认真考虑你独立的要求，甚至向你做出妥协和让步。

八、培养感恩的品德和习惯

1. 理解感恩

牛津字典给的定义是:"乐于把得到好处的感激呈现出来且回馈他人。""感恩"是因为我们生活在这个世界上,一切的一切包括一草一木都对我们有恩情!

"感恩"是一种认同。这种认同应该是来自我们的心灵里的一种认同。"感恩"是一种回报。我们从母亲的子宫里走出,而后母亲用乳汁将我们哺育。而更伟大的是母亲从不希望她得到什么。就像太阳每天都会把她的温暖给予我们,从不要求回报,但是我们必须明白"感恩"。

"感恩"是一种钦佩,这种钦佩应该是从我们血管里喷涌出的一种钦佩。"感恩"之心,就是对世间所有人所有事物给予自己的帮助表示感激,铭记在心。"感恩"是一种处世哲学,是生活中的大智慧。感恩可以消解内心所有积怨,感恩可以涤荡世间一切尘埃。"感恩"是一种生活态度,是一种品德,是一片肺腑之言。如果人与人之间缺乏感恩之心,必然会导致人际关系的冷淡,所以,每个人都应该学会"感恩",这对于现在的孩子来说尤其重要。"感恩"是一个人与生俱来的本性,是一个人不可磨灭的良知,也是现代社会成功人士健康性格的表现,一个连感恩都不知晓的人必定是拥有一颗冷酷绝情的心。"感恩"是尊重的基础。在道德价值的坐标体系中,坐标的原点是"我",我与他人,我与社会,我与自然,一切的关系都是由主体"我"而发射。尊重是以自尊为起点,尊重他人、社会、自然、知识,在自己与他人、社会相互尊重以及对自然和谐共处中追求生命的意义,展现、发展自己的独立人格。

2. 对父母感恩

(1)值得学习的榜样 "慈母手中线,游子身上衣,临行密密缝,意恐迟迟归"。我们的祖先自古便歌颂父母。又云:"父母在,不远游""百事孝为先"。古人已经用实际行动告诉我们要孝敬父母,感恩父母,怀着一颗感恩的心。

(2)感恩从自己做起 要知道,哪怕一句关心的话语,哪怕一碗自己泡好的方便面,都会慰藉父母曾为我们百般焦虑的心。感恩父母,并不难做到。

感恩是文化,是传统伦理;感恩还是一个人的道德感,价值取向。感恩可囿于家庭伦理范畴,也可以扩大到它之外。一个不知亲情不重亲情的人,不懂得感恩。而一个不懂感恩亲情的人,谁也别望他去感恩别人——甚至有恩于他的人。也别指望他会感恩社会,感恩师长。不知道感恩,就不懂得领受人世间的温情,对现实的悲苦也不会付出关爱。感恩教育是让学生对赐予他们生命的人多一份牵挂,磕不磕头为次要,重要的是为一生的爱心打根基,对爱的世界有敬畏之心,学会把对父母的爱推及到更宽阔的地方。

同步练习

一、选择题

1. 中职生人际关系不良的类型有( )。

   A. 有强烈的叛逆行为、说话偏激

   B. 不想交往、缺少知心朋友

C. 社交恐惧症、不能深入沟通

D. 交往困难、与个别人难以交往

E. 待人有戒备心理

2. 下列关于中职生人际交往说法正确的是(　　　)。

　　A. 诚信是与人成功交往的基础，要让别人了解自己，就必须坦诚相见，开诚布公，只有这样，对方才会感到你信任他(她)

　　B. 知心朋友和牢固的友谊是通过真诚相处才能获得的，对待朋友不能虚伪与欺骗，与人交往时要做到热情友好，诚信为本，以诚相待

　　C. 中职生在与人交往时，不要小声嘀咕你要讲的话，要理直气壮地讲出来；不要垂头丧气，要昂起你的头，挺直你的双肩，迈出充满自信的步伐

　　D. 微笑是一座能缩短心理距离、加强友谊合作的桥梁，微笑能让你赢得美好的第一印象，微笑能使人性格开朗、乐观，能使大家理解、团结

　　E. 对别人要认可，要相信，与人交谈时，要学会主动倾听，不要心不在焉，要照顾对方的面子，不要随便揭人隐私

　　F. 与人交往时，要理解别人，对于别人的错误、过失，应该表现得大度些，不要斤斤计较，以免因小失大，伤害相互之间的感情

3. 关于友情和爱情，下列说法正确的是(　　　)。

　　A. 友情是爱情的基础；爱情是友情的发展和质变，任何友情都有可能发展为爱情

　　B. 友谊的最显著特点是不排斥他人，可以是三五人或更多的人形成的朋友关系

　　C. 爱情包含两性之间在体貌上互相吸引，在精神上产生共鸣，在文化层次、教养水平、人生目标、价值观及生活方式等都具有相当的一致性

　　D. 爱情具有排他(她)性，他(她)要求相爱的双方感情执著、专一，同时与多人保持爱情关系则被视为不道德

　　E. 友谊结束不对彼此造成心理伤害，中学时代结束了，中学同学间的友谊可以结束，也可以持续

4. 下面关于友情与爱情的区别正确的是(　　　)。

　　A. 友情的支柱是"感情"，爱情的支柱则是"理解"

　　B. 友情的地位"平等"，爱情却要"一体化"

　　C. 友情是"开放的"，爱情却是"关闭的"

　　D. 友情的基础是"信赖"，爱情却是纠缠着"不安"

　　E. 友情充满"欠缺感"，爱情则充满"充足感"

5. 青春期异性交往的原则有(　　　)。

　　A. 多给予关心、勇于帮助

　　B. 适度交往、保持独立

　　C. 尊重对方、自尊自重

　　D. 经常联系、互赠礼物

　　E. 集体交往、自然交往

6. 关于下列师生关系冲突的分类说法正确的是(　　　)。

    A. 根据冲突产生导因,有课堂冲突和课下冲突

    B. 根据行为目的指向,有手段性冲突与目的性冲突

    C. 根据冲突的表现形式,有显性冲突和隐性冲突

    D. 根据师生冲突过程,有持续性冲突和偶发性冲突

    E. 根据师生冲突发生环境,有学生过错冲突和教师过错冲突

    F. 根据师生冲突性质,有建设性与破坏性师生冲突

7. 从学生方面看,师生冲突的原因有(　　)。

    A. 中职生系十二、三岁到十七、八岁的青少年,心理上正处于危机重重的"心理断乳"时期

    B. 具有心理上的动荡性,情感上的冲动性、易变性,思维上的片面性和表面性

    C. 他们好怀疑、反抗、固执己见、走极端;易恼气、争吵、打架,尤其反感教师那种絮絮叨叨的管教

    D. 后进生的思想觉悟往往比较低,沾染了一些不良习惯,他们不遵守纪律,经常违背道德准则

    E. 他们血气方刚,富有正义感,勇于面对一些看不惯的现象

8. 要想建立良好的师生关系,教师必须做到(　　)。

    A. 教师要做到事必躬亲

    B. 师生之间要相互尊重、相互信任

    C. 健全和强化师生交往的原则

    D. 教师要做到爱生如子

    E. 树立正确的学生观

9. 要想建立良好的师生关系,学生必须做到(　　)。

    A. 尊敬老师,积极交流

    B. 加强自律,理解老师

    C. 在专业学习中多交往

    D. 采取丰富多样的沟通方式

    E. 老师怎样说,就怎样做

10. 校园暴力的种类有(　　)。

    A. 肉体伤害

    B. 校园凶杀

    C. 校园抢劫

    D. 校园性侵犯

    E. 校园黑社会

11. 校园暴力的原因主要有(　　)。

    A. 当代青少年学生在心理方面的过分自尊、自我、自私以及法律意识的淡薄是导致校园暴力事件屡屡发生的主要原因

    B. 有些学生醉心黑帮寻仇等暴力影视作品,沉迷凶杀、打斗等暴力网络游戏,受其中宣扬的错误人生观、价值观毒害,视武力为解决问题的唯一方法

C. 有的学校不重视对学生的法律意识教育，法制教育流于形式或是缺失

D. 有的家长忙于生计和应酬，无暇顾及子女的教育，对学生在校内外的生活和社交等情况掌握不清，未能有效指导和帮助他们依法解决与他人之间的矛盾纠纷

E. 当前中职生在校学习压力大，没有很好的途径让自己缓解

12. 艾滋病的主要传播途径有(　　)。

A. 呼吸道传播

B. 血液传播

C. 饮食传播

D. 性传播

E. 母婴传播

13. 关于毒品的危害，下列说法中正确的有(　　)。

A. 吸毒不仅能夺去人的肉体，扼杀人的生命，它还能使人精神颓废，道德沦丧，使人类文明丧失殆尽

B. 吸毒会对身体产生毒性作用，表现为嗜睡、感觉迟钝、运动失调、幻觉、妄想、定向障碍等

C. 戒断反应，通常在突然终止用药或减少用药剂量后发生，表现为全身疼痛、顽固性失眠、焦虑和内心渴求等，是吸毒者戒断难的重要原因

D. 感染各种疾病，静脉注射毒品给滥用者带来感染性合并症，最常见的有化脓性感染和乙型肝炎及令人担忧的艾滋病，此外，还损害神经系统和免疫系统等

E. 为维持吸毒需要，许多吸毒人员走上以贩毒、抢劫、盗窃、卖淫等违法犯罪道路

14. 积极主动地与父母沟通，应做到(　　)。

A. 要自觉地尊敬父母

B. 多与父母谈心，缩短感情距离

C. 三思而后行

D. 技巧、艺术化地处理分歧和矛盾

E. 主动指责父母的过错

15. 下列关于感恩的理解正确的是(　　)。

A. 感恩是一种认同

B. 感恩是一种回报

C. 感恩是一种愿望

D. 感恩是一种处世哲学

E. 感恩是一种要求

F. 感恩是一个人与生俱来的本性

G. 感恩是尊重的基础

H. 感恩是一种钦佩

I. 感恩是一种生活态度

二、简述题

1. 简述友情与爱情的区别。

2. 如何正确恰当地交友？

3. 如何防治师生的冲突？

4. 为什么说校园暴力危害的不仅是受害者而且还有施暴者？

5. 如何预防艾滋病？

6. 如何进行毒品的预防？

7. 谈一谈你对感恩的理解，并准备怎么去做。

第四章　学会有效学习

教学目标

了解学习动机、兴趣和信心对学习的作用,激发学习兴趣和动机。掌握科学的学习方法,学会应对考试焦虑。正确认识学习中的压力和挫折,在实践中树立有效学习、终生学习的意识。

教学要求

认知:了解激发学习兴趣和动机的方法,理解学习概念的新内涵。

情感态度观念:培养学习信心和兴趣,体验学习过程中的积极感受,树立终生学习和在实践中学习的理念。

运用:掌握科学的学习方法和策略,提高学习能力,克服考试焦虑。

知识梳理

一、中职生的学习动机

1. 学习动机的分类

（1）内部动机与外部动机　根据动力的来源,学习动机被分为内部学习动机和外部学习动机。

①内部学习动机,指个体对学习本身的兴趣所引起的动机,动机的满足在活动之内,不需求外界的诱因、惩罚来使行动指向目标。

②外部学习动机,指个体由外部诱因所引起的动机,动机满足在活动之外,即个体不是对学习本身感兴趣,而是对学习所带来的结果感兴趣。

（2）成就动机　奥苏贝尔认为,学校情境中的成就动机,至少应包括3方面的内驱力决定成分。

①认知内驱力,即一种要求了解、掌握知识,且能系统地阐述问题并解决问题的需求。这种内驱力在最初阶段可能只是潜在的而非真实的动机,没有特定的方向和内容,多半是从好奇的倾向中引发出来,需求个体在实践中不断取得成功,才能真正表现出来。

②自我提高的内驱力,个体由于拥有胜任工作、完成任务的能力,从而满足了获得相应地位的需求,是成就动机的主要组成部分。

③附属内驱力,个体为了保持长者们（如家长、老师等）的赞许或认可而表现出来的把工作做好的一种需求。有附属内驱力的学生通常对长者们有情感上的依赖,在意他们的看法,通过成为他们理想的人物（如聪明、可爱的,有发展前途的人）而获得肯定,稳固自己在他人心目中的地位。

2. 全面发展的学习理念

（1）学习的内涵

①传统观点。学习就是在一定的情境中,在教师有目的、有计划、有组织的系统指导下,受教育者读书求知并获得一定结果的实践活动。由此可见,学习是以教师为主导,学生主要是在教师的安排、指导下进行学习;学习的内容集中在知识、技能方面。传统的学习观认为人类的学习是个人系统掌握社会和个体经验的过程,是通过语言和文字为中介而实现的。因此,只有接受、吸收、掌握和占有了前人的知识和经验并转化为自己的知识与经验,才是学习。

②现代学习观。在对传统学习观同传承的基础上,突出以下理念。

a.学习是人们的自觉主动的行动。

b.学习是学习者的社会化的全部过程。

c.学习既表现为接受和掌握,也表现为感悟、体验、发现和探究。

（2）尝试全新的学习　要从根本上改善学习状态,从学习中获得乐趣;要对学习有深入的理解,明确个人的发展目标;确立恰当的自我评价体系。只有这样,中职生在学习中,才有助于克服困难,取得更多的知识,保持心态的平和。

①广阔丰富的学习内容。通过对传统学习观和现代学习观的学习、比较,我们认识到学习不仅是知识、技能的学习,而且也涉及态度、情感、社会规范等内容。学习不应只着眼于课堂和考试内容,如何与人交往、处理个人的生活事物、培养创新能力以及丰富自然科学知识和人文社会科学知识等方面都应成为我们关注的焦点。根据个人的情况,选择自己要学习的内容。

②多样的学习方法。选择恰当的学习方法十分重要。许多学生并没有认识到学习方法的重要性,可能还是沿用中学时代的方法,但效果不大;或者没有了老师的监督,而放任自己的学习,这样的结果可想而知。选择何种学习方法应该结合自己的特点考虑,适合别人的方法未必适合自己,这一门学科未必适用那一门,如果盲目照搬,效果可能就会打折扣,只会让人感到灰心、失望。

③具体的学习计划。由于学习是一个长期积累的过程,有时难免会遇到挫折、困难,因此最好能将学习计划具体化。制订良好的学习计划,在总的目标下设置分目标,在到达终点前,仍会看到自己已经取得了一个个胜利,而不是感到自己虽然在不断努力但是离终点总是有距离,这样不但能让前进的方向更明确,而且还能增强自信心,获得更多的心理能量,对于远大目标的实现尤为有效。

④树立发展式学习理念。树立发展式学习理念就是将学习当成个人终生发展的任务,在不同人生阶段指向不同的目标,建立客观、合理的评价体系,确立自我价值,应对学习中的困难,调节心理冲突,在获得知识、能力的同时,也达到心理上的和谐、统一,保持心理健康的状态。

二、认识中职的学习

1. 中职学习的特点

要想适应中职的学习生活,取得自己理想的成绩,就要对中职的学习有一个客观的了解。我们从以下4点来具体认识一下。

(1)谁来安排学习——学习的自主性 学习是中职生活的一件重要的事情,在这个过程中,自己手中掌握着控制权。在中职里,学习要有自主性才可以。新进入中职的学生,要尽快培养学习的主动性。

(2)学习内容——学习方向的专业化 学生们在入学之初就进入不同的专业,这必然使彼此学习的内容有所不同,随着年级的增长,学习的内容深度和广度都不断增强,专业性也更为突出。

(3)学什么——学习内容的多元化 中职像个小社会,作为中职生,学习的范围不能局限于书本知识。仅学习课堂上的知识是不够的,创新能力的培养,情感态度的调节与控制,社会能力的开发都是学习的内容。

(4)怎么学习——学习方法的多样化 中职的学习是自主的,内容又是多元的,因此学习方法呈现多样化的趋势。课堂学习、课外学习及校外学习相结合;实践中的操作学习,以网络等各种载体的多手段的学习日渐普遍。

2. 常见的学习障碍和表现

到目前为止,我国学术界对学习障碍还没有一个统一明确的界定。一般认为,除学业不良外,比较常见的表现有以下几种。

（1）注意力不集中,做事磨蹭,有头无尾,缺乏时间观念和任务感。慵懒、拖沓,学习迁移能力差,易形成习惯性惰性及自慰心理。社会适应技能缺陷,凡事都要依赖别人。缺乏良好彻底学习习惯与学习方法。

（2）动作迟缓,笨手笨脚,身体协调能力不良,书写笨拙、幼稚,缺少笔画。

（3）缺乏学习兴趣,缺乏好奇心,对人、对事缺乏兴趣;或学习兴趣肤浅、范围狭窄、兴趣不能稳定持久,易于"见异思迁",带有情绪性影响。

（4）缺乏学习动机;或学习动机多停留在短暂、肤浅的消极水平上,具有游移摇摆的特点,缺乏强大而稳固的动机支持。一般其动机水平低,目标不明确,学习的社会意义和个人意义不统一。动机只表现在口头上,很少落实在行动上。

（5）学习态度不良,目的不明确,呈现一种漫无目的的学习倾向。缺乏学习热情和自觉性。自制性和坚持性差。

（6）活动过度、问题行为、违纪行为、自我控制力差,不易与同学建立良好人际关系。寻求反面心理补偿,出现逆反心理及情绪对抗。

（7）自我评价差,容易受挫折;忧郁、焦虑、窒息感、压抑感,易自卑及封闭。

三、中职生自信心低下的原因及教育方法

1. 造成中职生自信心低下的原因剖析

（1）对环境不适应而导致自信心下降　由于中职学生的入学年龄只有十五、六岁,还不能正确看待家庭之间的差距,这就导致了自卑心理的产生和自信心的下降。目前的中职学生大多是独生子女,他们在家什么事都很少过问,自理能力低下,入学后事事都要自己亲自去做,一时做不好,就怀疑自己的能力并因此而失去自信心。

（2）对管理方式的不适应而导致自信心下降　初中学校从早到晚都有老师辅导和管理,而职业类学校实行的是以"自我管理"为主的管理方式,强调学生自我管理的积极性和自觉性。对于这样的管理方式,学生一时难以适应。

（3）对教学内容的不适应而导致自信心下降　中职课程内容多、难度大,尤其是专业课,如果不经过课后的认真复习,很难掌握。因此,中职学生在短时间内很难适应,从而导致自信心下降。

（4）人才市场的激烈竞争而导致自信心下降　随着市场经济的逐步深入和发展,人才的竞争越来越激烈,很多用人单位把中职生拒之门外,给中职生造成很大的心理冲击。中职生都在为自己的未来担忧,从而导致自卑心理的产生和自信心的下降。

（5）生理发展与心理差异而导致自信心下降　中职学生正处于青春初期,他们渴望友谊,特别是与异性的友谊。他们在异性面前处处表现自己,以便引起对方的注意和对自己的爱恋。他们的行为也希望得到他人的尊重和肯定,一旦当他们感到很多事与自己的期望相差较大时,就会产生自卑心理,自信心就会受到冲击。

2. 培养中职学生自信心的方法

（1）消除"攀比"心理,增强自信心

（2）搞好"衔接",完善管理,诱发自信心

（3）转变观念,树立自信心

（4）树立正确的"人生观",保护自信心

四、了解一些学习策略

法国生理学家贝尔纳说:"良好的方法使我们更好地发挥和运用天赋的才能,而拙劣的方法则可能阻碍才能的发挥;正确的方法可以使人少走弯路,提高学习效率,收到事半功倍的效果。"

1. 认知学习

认知学习是指理解、认识、预测或利用丰富信息等高级心理过程,包括记忆、思维、问题解决和语言因素的学习过程。

（1）认知地图 动物们好像天生具有认路的本领。喜欢动物的你一定会注意,蜜蜂可以去很远的地方采蜜,仍能找回蜂巢;信鸽送信后,仍能返回鸽笼;大雁每年都要进行迁徙飞翔。

对于人类来说,我们一定会很熟悉周围的环境,无论是生活在城市或乡村。因为在大家的心中,对城市或乡村的布局已经有了一个比较完整的心理地图或认知地图,即在你的心里面,可以想象出校园、商场等所在位置,周围环境的特点,这些内容像图画般呈现在头脑中。

利用认知地图的原理,可以将学习的内容利用作图的方式按照它们之间的逻辑关系联结在一起,便于知识的提取与使用。

（2）潜在学习 潜在学习是指学习发生在得到强化之前。也就是我们通常所说的"潜移默化"。换句话说,潜在学习就是个体在某种情境中产生了学习,但是隐而不显,直到在有必要的时候才能在行为上显现出来。

例如,一次校际联欢会上,你和一位可爱漂亮的女孩子分到一组活动,女孩子无意中讲到自己的喜好被你在不经意间记住,一段时间后当你再次遇到这位女孩子就回忆起她当时所说的话,因为你在潜意识中想了解女孩子的信息,希望以后有机会与她接近。

（3）发现式学习 发现式学习就是通过顿悟和理解的方法获得知识和技能。在需求运用新的策略或发现新方法来解决问题时,发现式学习是非常有效的。

总之,认知学习的主要特点是理解,心理学家认为当人们亲自去发现事实和原理时,学习将变得更灵活,记忆将更持久。

2. 培养创造力

（1）创造力与创造性思维 英语中"创造力"一词源于拉丁语 create,意为创造、创建、生产、造就。在心理学中,创造力是指根据一定目的,运用一切已有信息,产生出某种新颖、独特、有社会或个人价值的产品的能力。

创造力由两个基本要素构成:流畅性和灵活性。所谓流畅性是指平稳而又迅速地大量涌现出解决特定问题方案的能力。所谓灵活性,一般是指给特定问题找出新奇独特、不同寻常的解决方案的能力。

创造力的培养和创造性思维有关,创造性思维是一种求新的、无序的、立体的思维,它并不是某种单一的思维形式,而是多种思维的综合表现。它既是直觉思维与分析思维的结合,也是发散思维与聚合思维的结合,也是抽象思维与逻辑思维的结合,同时又离不开创造性想象。

美国著名心理学家吉尔福特认为:发散性思维及其转化与创造性的关系最为密切。

所谓发散思维就是能从多种设想出发,不按常规地寻求变异,使信息朝着各种可能的方向辐射,多方面寻求答案,从而引出更多的信息。不过,发散思维不是一种独立的能力,创造性还必须有与其相反的聚合思维。聚合思维就是将所有的信息做出唯一的答案。

(2)创造性与个性 创造性与人的个性特点紧密相连,创造性高的人有着独特的品格,我们从那些有名的创造大师身上看到,他们通常具有以下特点。

①善于明确真正的问题,即指难易适中的问题。

②善于用直觉判断确定方案。最佳方案对于富有创造力的人来讲,要具有两个条件,一要感觉良好,二要符合逻辑。

③而最终可以付诸行动的方案,则依靠自己无意识的心灵。

④善于开阔思路,集思广益。富有创造力的人具有观念的复合性、思维的冒险性和判断的独立性。这些特点使得他们思想开放,心胸开阔,善于通过各种渠道汲取解决问题的设想。

⑤勇于付诸行动。富有创造性的人有信心有勇气把自己的方案推向实践。挫折对于他们来说是一次考验自己创造性的挑战。

⑥善于发现有价值的问题。富有创造性的人往往选取一种单一的、有些与众不同的生活焦点,一种特殊的行动方式、职业或兴趣爱好。他们能够忍受长期艰苦的工作,耐心追求问题的答案,而不急于求成。

此外,创造性强的人也各有长短。有的人善于施行观念,有的人善于抓住机会,有的善于逻辑思考,有的善于直观洞察。

从人的本身来讲,在创造性地解决问题的某些领域,每个人都拥有自己某种潜在的优势。问题是我们是否意识到自身的潜在优势以及是否将其转化为现实的优势。

(3)中职生的创造性优势 作为接受系统高等教育的中职生,具备培养创造力的优势中职生在四五年的中职学习过程中,特殊的中职氛围,系统的专业学习,逐渐扩展的生活领域,都使得中职生具有许多创造性的优势,具体的特点有以下几点。

①中职生处在思想最活跃的时期,较少的条条框框,对各种事物充满好奇心和探索欲。

②较高的智力水平。心理学研究认为高智商可能有高创造性,高创造性者必须具有高于一般水平的智商。中职生是具有较高的智力水平的人群,具有创造力的潜在的优势。

③系统的思维训练,中职生的专业学习也是一种思维的系统训练,如理工科的逻辑思维的训练等,这也是一种潜移默化的创造性思维训练。

④学校、教师不断有意识地对中职生的创造力的培养,如举办各种科研活动,创新、发明比赛等,使中职生在求学期间就投入到有意识的创造性活动当中。

⑤较广的知识面,较多与众多专家学者学习和探讨的机会,也为中职生提供了掌握新思想、新观念的优越条件。

五、中职生的学习方法

1. 提高自学能力

有人称自学为"成才的第一要素"。自学,顾名思义就是自己学、自觉学,通过独立学习和思考掌握知识。中学教师对学生是手把手教,中职教师就只是引路,学生的学习主要靠的是自学。

在学校自学,是指学生在教师指导下的独立学习活动。我国著名科学家郭沫若曾说过:"教育的目的是养成自己学习,自由研究,用自己的头脑来想,用自己的眼睛来看,用自己的手来做的这种精神。"

当前,知识更新的周期越来越短。有人统计,每个中职生只能在学校获得工作需求的10%左右的专业知识,且在中职阶段所学到的知识,5年以后将有一半以上用不上,大量新知识的获得主要靠自学。因此,中职生要特别注意培养自己的自学能力,这是应对当今"知识爆炸""知识更新快"的有效措施。

(1)中职生在自学过程中要制订学习计划 一段时间内要有长计划、短安排。长计划是指一个月、一学期,甚至一年的计划。短安排是指一天、一周的学习计划。中职阶段要用顽强的毅力,严格执行自己订出的学习计划,遵守作息制度。

(2)要掌握好适合自己的自学方法 自学方法很多,最主要的是:一想,二记,三讨论。

(3)要有意识地逐步培养自学能力 自学能力一般认为包括以下3方面的能力。

①驾驭语言、文字信息的能力。

②基础知识的储备能力。

③对知识信息的心理反应能力。

2. 合理安排时间与提高学习效率

(1)充分利用学习的最佳效益时间 在最佳时间内学习或工作,往往会取得最好的学习效果。当然,由于各人的周围环境和身体健康状况不同,思维类型和学习习惯不同,各人的最佳效益时间也不尽相同。有的人在早晨学习时,记忆力强,学习效果好;有的人认为午睡后的下午合适;有的人或许认为夜晚环境安静,精神更能集中,此时学习易进入角色,学习效率高。

(2)充分利用零碎时间 知识靠点滴积累,时间靠分秒聚积。为此,要充分利用大量日常零星时间,如排队买东西时背外语单词、睡眠前回忆老师讲课的内容、乘车时默读诗词等。

(3)科学安排学习时间 要有充分的睡眠时间,每天一般要有8小时的睡眠;要交叉安排学习内容,一般不要长时间地看一门功课,否则容易产生疲劳;要参加一定的体育、文娱活动,注意劳逸结合。

3. 提高记忆力

(1)记忆的含义及过程 记忆是人脑对过去经历过的事物留下反映痕迹的过程。记忆是一种复杂的心理过程,它包括识记、保持、再认和回忆等基本环节。记和保持是"记"的过程,再认和回忆是"忆"的结果,是提取知识经验的过程。它们是相互联系和相互制约的。前者是后者的前提,后者是前者的结果和证明,并能进一步巩固和加强前者。

（2）记忆的分类　根据记忆的意识性和目的性,可以把记忆分为无意记忆和有意记忆。

①无意记忆:没有确定识记的目的,没有采取任何记忆方法,也不需求作任何意志努力的一种记忆。

②有意记忆:它是有自觉目的,采取一定的记忆方法,有时还需求一定的意志努力的一种记忆。

有意记忆又可以分为机械记忆和意义记忆两种。机械记忆,又称强记,通常称"背诵"。意义记忆,又称理解记忆。它是根据事物的内在联系来理解材料的意义,需求已有的知识经验,也要求采取多种多样的方法来记住事物的一种记忆。

根据保持记忆的时间长短,又可以把记忆分为瞬时记忆、短时记忆和长时记忆。瞬时记忆,又叫感觉记忆。它是指仅能保持 1～2 秒的记忆,视觉后像是瞬时记忆的最明显的事例。短时记忆是指能保持 1 分钟左右的记忆。长时记忆是指能保持 1 分钟以上直至许多年,甚至终生不忘的记忆。

六、学习压力及缓解

1. 学习疲劳

（1）学习疲劳的含义　学习压力,即学习疲劳。依据行为学理论,"学习疲劳"是指一定的紧张程度或连续长时间的持续学习而引起学生生理和心理方面产生变化,致使学习效率下降,甚至达到不能继续学习的状态。疲劳一般分为生理疲劳和心理疲劳两大类。

（2）学习疲劳的表现　研究表明,学生在学习中所产生的疲劳,首先表现为第二信号系统内引起了保护性抑制。随着疲劳的产生和发展,大脑皮层的兴奋性变化出现两个时间阶段:第一阶段学生脑力活动的速度增快而准确率下降,有的学生注意力分散,显得烦躁不安,不听讲,做与上课不相关的事;第二阶段学生脑力活动的速度和准确性都下降,动作不协调,感知、注意、记忆、理解和思维等心理机能减弱,情绪低落、不安甚至进入瞌睡状态。

（3）产生学习疲劳的原因

①产生疲劳的心理原因主要有几个方面:不能正确对待现实和理想的差距,造成学习动力的缺乏。学生无法设想学业和现实社会的丰富关系,因而求知欲大大减弱。感觉所学课程没有或少有现实意义,但又缺乏理想中的选择,因而表现出急躁情绪,影响学习积极性的持久发挥。中职生中独生子女占大多数,已有的生活经历并没有使其形成独立自主的坚强人格,学习上也就表现出较大的依赖性。封闭式的办学方式,远不能适应中职生人生观和世界观发展的需求。

②产生疲劳的生理原因主要有几个方面:学习疲劳与身体疲劳和学生体质的强弱,以及学生所从事学习的性质和数量有关。另外,在异常的气温、湿度、缺氧、噪音、光线不足、色调失调等环境条件下学习,也是引起学生身体疲劳的重要因素;很多人长时间挤在封闭的空间,会使空气中的含氧量减少,有害菌数目增加;不同的坐位和地磁走向构成不同的

夹角,影响脑力的不同发挥;晚上缺乏很好的睡眠,对第二天整天的学习都会有影响;外界刺激的单调,如教师讲课时没有节奏感、语言平淡,也都易于引起学生的疲劳。总体上讲,中职生的学习疲劳是心理上和生理上的双重状态,是内因和外因双重作用的结果。

(4)学习疲劳的预防　学习疲劳的预防,关键要科学用脑,注意用脑卫生,即在学习用脑过程中要注意保护大脑,按照大脑活动的规律合理地运用脑力,使大脑处于良好的工作状态,防止不适当的用脑给大脑带来的损伤和工作效能下降。

中职生常见的用脑不当现象有以下几种。

①"开夜车"。长期"开夜车",大脑会高度兴奋而难以入睡,睡眠得不到充分保证,会影响白天的听课效果,影响健康,严重的还会招致疾病。人体多种器官的功能到了夜间开始下降,血液流动变慢,机体抵抗力因此而降低,这时候坚持学习,就会被夜间的阴寒之气所侵袭,引起疾病。

②"突击记忆"。"突击记忆"既违反了大脑本身的活动规律,又扰乱了自己固有的记忆习惯,使大脑超负荷地增加记忆,势必造成大脑过度紧张、劳累,记忆效果差,遗忘得也快。

③疲劳思维。不顾大脑的活动规律,长时间地强化用脑,会使大脑消耗过大,导致脑功能弱化。此时大脑皮层由于长时间工作而产生"保护性抑制",从而引起脑力疲劳,出现注意力下降、记忆障碍或思维迟钝等。

2. 学习中的"高原现象"

学习中的"高原现象"是指在学习过程中的一定阶段,产生学习效率降低,学习进步缓慢,甚至停滞的现象。这是教育心理学者在研究操作技能形成过程中,所发现的一种带规律性的现象。

(1)学习者要经历的4个阶段

①学习开始阶段。

②迅速进步阶段。

③高原阶段。

④克服高原阶段。

(2)产生"高原现象"的原因

①心理因素,表现为意志品质差,遇到困难失去信心;学习目的不明确,动机减弱,兴趣降低,甚至产生厌倦等消极情绪。

②方法因素,表现为死记硬背,缺乏活力。不注意用脑卫生,长期使大脑处于极度兴奋和紧张之中,造成大脑过度疲劳,使思维活动产生反效应,越想思维敏捷,越感到思维迟钝。

③知识结构因素,已有的知识结构与目前正在进行的知识学习不相匹配,当继续学习所需求的知识不能及时扩展时,就将阻碍学习的顺利进行。

(3)克服"高原现象"的方法

①知难而进,锲而不舍。

②另辟蹊径,换位思考。

③登高望远,居高临下。

七、考试焦虑及缓解

1. 考试焦虑的含义与表现

（1）考试焦虑的含义　考试焦虑又称为考试恐怖，是指因考试压力引起的一种心理障碍。主要表现在迎考及考试期间出现过分担心、紧张、不安、恐惧等复合情绪障碍，还可伴有失眠、消化机能减退、全身不适和植物神经系统功能失调症状。

（2）焦虑与学习的关系　并非所有的焦虑对学习都是有害的。焦虑是一种复合性情绪状态，包括焦虑反应、过度焦虑和焦虑症3个由轻到重的层次。许多研究业已证明，绝大多数考生在临考前都有一定程度的紧张或焦虑，它属于焦虑反应，是正常现象。适度紧张可以维持考生的兴奋性，增强学习的积极性和自觉性，提高注意力和反应速度等，也就是说，在考试及其准备过程中，维持一定程度的紧张是有必要的。

（3）考试焦虑的原因　研究表明，考试焦虑与下列因素有关。

考试焦虑与能力水平呈负相关，即学习能力相对较弱或学习效果较差者容易产生考试焦虑；考试焦虑与抱负水平呈正相关，即要求自己成绩过高者容易发生；考试焦虑与竞争水平呈正相关，即考试意义越大越易产生；考试焦虑与考试失败经历呈正相关，即经历过重大考试失败者容易发生；考试焦虑与心理生理状态呈负相关，即心理承受能力差的人容易发生，且与生理状态也有关系。

2. 克服考试焦虑

（1）端正对考试的认识

（2）进行自信训练

（3）正确对待外界压力

（4）重新调整考试动机和期望值

（5）要注意充分休息

（6）学会自我放松

（7）临场自我调节

（8）其他情况

八、终身学习

1. 终身学习的含义

终身学习，讲的是人一生都要学习。从幼年、少年、青年、中年直至老年，学习将伴随人的整个生活历程并影响人一生的发展。这是不断发展变化的客观世界对人们提出的要求。人类从诞生之日起，学习就成为整个人类及其每一个个体的一项基本活动。不学习，一个人就无法认识和改造自然，无法认识和适应社会；不学习，人类就不可能有今天取得的一切进步。学习的作用又不仅仅局限于对某些知识和技能的掌握，学习还使人聪慧文明，使人高尚完美，使人全面发展。正是基于这样的认识，人们始终把学习当做一个永恒的主题，反复强调学习的重要意义，不断探索学习的科学方法。同时，人们也越来越认识到，实践无止境，学习也无止境。古人云：吾生而有涯，而知也无涯。当今时代，世界在飞速变化，新情况、新问题层出不穷，知识更新的速度大大加快。人们要适应不断发展变化的客观世界,就必须把学习从单纯的求知变为生活的方式,努力做到活到老、学到老,终身学习。

2. 学习型社会

在学习社会中,有3件事情变得特别重要。

第一件是建立终身教育的体系。如果大家都要终身学习,而社会仍然用传统的学校施教,当然不能满足社会的需要。

第二件事情则是第二次教育机会的理念大为盛行,措施也日趋普遍。个人因为下列11项原因,都需要获得第二次教育机会:寿命的延长;新知的获得;职业的转换;以前学习失败后的再学习;工作后教育的延续;停止工作后再工作的需要;专业成长;社会地位的提升;职业、工作成长过程中的升迁;教育机会均等的需求;休闲及维护个人尊严的需要。

学习社会的第三件重要事情,是建立回流教育(Rteurn to education)体系。众多离开学校,工作有成,再想回到学校就读的社会成员,常常求助无门。回流教育的目的就是使入学能够多元化,使个人或家庭早日脱离升学主义的梦魇,让个人能在学习——工作——学习之间,走出快乐的康庄大道;而不要在狭窄的升学管道中,制造无谓、孤寂、繁杂的个人、家庭及社会问题。

3. 建立终身学习的习惯

对于如何培养终身学习的习惯,不妨从以下8个方面做起。

(1)个人建立主动学习的意愿、态度及能力,是建正学习社会的主要条件

(2)个人应该熟悉多元的学习管道

(3)想要终身学习的人,就要掌握各种学习的机会

(4)从事学历与文凭以外的学习,也是人生的一大快事

(5)乐于学习并能充分运用必要的器材

(6)个人不仅要有迅速获得信息的习惯,更要有整理与批判信息的习惯

(7)终身学习的内涵是整体的,而不仅是知识的学习

(8)养成终身学习的习惯,要让学习动机与学习成就循环作用,相互回馈

九、实践学习

1. 学习与实践的关系

学习是人们获取知识的过程。从哲学意义上讲,学习属于认识范畴,即一个从感性认识上升到理性认识的过程。学习过程中获得的理论最终要运用于工作,能动地指导实践并经受实践的检验,使认识不断推移,不断发展。在知识经济的时代,好的学习方法正如指挥棒,不仅有助于提高获取知识的能力和效率,而且在某种程度上会改变一个人的思维方式和生活方式,对综合素质的改善产生影响。

2. 如何处理好实践与学习的关系

"实践"一词原指一切有生命体的活动,后来亚里士多德以此来专指人的实践行为,但又不是专指人的具体的行事,而是将实践看做是关于人类实际活动与生活的反思行为。

古人云:"纸上得来终觉浅,须知此事要躬行。"待在书斋,"两耳不闻窗外事,一心只读圣贤书",会造成理论与实践的脱节。既读有字之书,又读无字之书才能使自己立于不

败之地。知行统一就是根据认识与实践的辩证关系,把学习和实践结合起来。"知者行之始,行者知之成",知行统一要注重实践:我们要善于在工作中学习,边实践、边学习、边积累,同时要把学习得来的知识,用在实际工作中,解决实际问题。

同步练习

一、选择题

1. 根据动力的来源,学习动机被分为内部学习动机和外部学习动机,下列属于内部学习动机的是(   ),属于外部学习动机的是(   )。

   A. 有的学生喜欢英语,上英语课时便认真听讲,课后会仔细复习

   B. 有的学生学习是为了得到老师的奖励或避免父母的惩罚等

   C. 有的学生学习就是为了能够成才

   D. 有的学生学习就是为了出人头地

   E. 有的学生喜欢创作就是为了让自己内心充实

   F. 有的学生努力学习就是为了考第一名

2. 奥苏贝尔认为,学校情境中的成就动机,至少应包括下面几个方面(   )。

   A. 认知内驱力

   B. 好胜内驱力

   C. 附属内驱力

   D. 自我提高内驱力

   E. 激励内驱力

3. 关于中职学习的特点,请将下两项内容进行正确搭配(   )。

   (1)谁来安排学习

   (2)学习内容

   (3)学什么

   (4)怎么学习

   A. 学习方法的多样化

   B. 学习的自主性

   C. 学习内容的多元化

   D. 学习方向的专业化

4. 下列对造成中职生自信心低下的原因剖析正确的是(   )。

   A. 对环境不适应而导致自信心下降

   B. 对管理方式的不适应而导致自信心下降

   C. 对教学内容的不适应而导致自信心下降

   D. 对各种资格考试不适应而导致自信心下降

   E. 人才市场的激烈竞争而导致自信心下降

F. 自我管理能力差而导致自信心下降

G. 生理发展与心理差异而导致自信心下降

5. 培养中职学生自信心的方法有（　　　　）。

    A. 搞好同学和老师的关系来增强自信心

    B. 消除"攀比"心理,增强自信心

    C. 搞好"衔接",完善管理,诱发自信心

    D. 提高生活水平来增强自信心

    E. 转变观念,树立自信心

    F. 树立正确的"人生观",保护自信心

6. 通过顿悟和理解的方法获得知识和技能的学习方式是（　　　　）;个体在某种情境中产生了学习,但是隐而不显,直到在有必要的时候才能在行为上显现出来的学习方式是（　　　　）;将学习的内容利用作图的方式按照它们之间的逻辑关系联结在一起,便于知识的提取与使用的学习方式是（　　　　）。

    A. 认知地图

    B. 潜在学习

    C. 发现式学习

7. 下列说法中正确的是（　　　　）。

    A. 创造力是指根据一定目的,运用一切已有信息,产生出某种新颖、独特、有社会或个人价值的产品的能力

    B. 创造力的培养和创造性思维有关,创造性思维是一种求新的、无序的、立体的思维,它并不是某种单一的思维形式,而是多种思维的综合表现

    C. 创造性思维既是直觉思维与分析思维的结合,也是发散思维与聚合思维的结合,也是抽象思维与逻辑思维的结合,但不需要创造性想象

    D. 所谓发散思维就是能从多种设想出发,不按常规地寻求变异,使信息朝着各种可能的方向辐射,多方面寻求答案,从而引出更多的信息

    E. 从人的本身来讲,创造性地解决问题的某些领域,每个人都拥有自己某种潜在的优势,关键是否意识到自身的潜在优势以及是否将其转化为现实的优势

8. 创造性高的人有着独特的品格,具体体现为（　　　　）。

    A. 善于明确真正的问题,即指难易适中的问题

    B. 善于用直觉判断确定方案

    C. 善于开阔思路,集思广益

    D. 勇于付诸行动

    E. 善于发现有价值的问题

9. 合理安排时间与提高学习效率,必须做到（　　　　）。

    A. 充分利用学习的最佳效益时间

    B. 将休息时间融入学习

    C. 科学安排学习时间

    D. 要早起晚睡地学习

E. 充分利用零碎时间

10. 关于记忆,下列说法正确的是(　　)。
   A. 记和保持是"记"的过程,再认和回忆是"忆"的结果,是提取知识经验的过程
   B. 识记是指一个人记住当前发生的事物,从而积累知识经验的过程
   C. 保持就是将识记的事物较长时间地保留在头脑中的过程
   D. 回忆是指过去接触过的事物重新出现在面前时,我们能够把它认出来
   E. 再认是指过去接触过的事物不在面前时,人们能在头脑中把它回想出来

11. 关于学习疲劳,下列理解正确的是(　　)。
   A. "学习疲劳"是指一定的紧张程度或连续长时间的持续学习而引起学生生理和心理方面产生变化,致使学习效率下降,甚至达到不能继续学习的状态
   B. 疲劳是人体由于高强度或长时间的持续进行某一项行为活动,生理机能渐渐减退,主观感觉疲乏无力,而导致行为能力减弱,效率降低,错误率增加的状态
   C. 生理疲劳是显性的,表现为怠倦、精神涣散、厌恶、反应迟钝、情绪不安等。严重的心理疲劳,也可使工作完全不能进行
   D. 心理疲劳是隐性的,表现为躯体运动失调、姿态不正、痉挛、无感觉、无能力等
   E. 学习既包括身体的活动,也包括精神的活动;学习既受生理疲劳的影响,又受心理疲劳的影响,但主要是受生理疲劳的影响

12. 下列各种情况属于引发疲劳的生理原因是(　　),属于引发疲劳的心理原因是(　　)。
   A. 很多人长时间挤在封闭的空间,会使空气中的含氧量减少,有害菌数目增加
   B. 不同的坐位和地磁走向构成不同的夹角,影响脑力的不同发挥
   C. 不能正确对待现实和理想的差距,造成学习动力的缺乏
   D. 学生无法设想学业和现实社会的丰富关系,因而求知欲大大减弱
   E. 感觉所学课程没有或少有现实意义,但又缺乏理想中的选择,因而表现出急躁情绪
   D. 独生子女已有的生活经历并没有使其形成独立自主的坚强人格,学习上也就表现出较大的依赖性
   G. 封闭式的办学方式,远不能适应中职生人生观和世界观发展的需求
   H. 晚上缺乏很好的睡眠,对第二天整天的学习都会有影响
   I. 外界刺激的单调,如教师讲课时没有节奏感、语言平淡,也都易于引起学生的疲劳

13. 中职生常见的用脑不当现象有(　　)。
   A. 晨读
   B. 突击记忆
   C. 题海战术
   D. 开夜车
   E. 疲劳思维

14. 克服"高原现象"的方法有(　　)。
    A. 自我安慰,得过且过
    B. 另辟蹊径,换位思考
    C. 登高望远,居高临下
    D. 放弃另求,东山再起
    E. 知难而进,锲而不舍

15. 关于考试焦虑的理解,下面表述正确的有(　　)。
    A. 考试焦虑又称为考试恐怖,是指因考试压力引起的一种心理障碍
    B. 考试焦虑主要表现在迎考及考试期间出现过分担心、紧张、不安、恐惧等复合情绪障碍
    C. 焦虑是一种复合性情绪状态,包括焦虑反应、过度焦虑和焦虑症 3 个由轻到重的层次,所有的焦虑对学习都是有害的
    D. 适度紧张可以维持考生的兴奋性,增强学习的积极性和自觉性,提高注意力和反应速度等
    E. 学习效率在一定范围内随着焦虑的增强而提高,但过强的动机表现为高度焦虑和紧张,反而引起学习效率的降低

16. 考试焦虑的原因,下述正确的是(　　)。
    A. 考试焦虑与能力水平呈正相关
    B. 考试焦虑与抱负水平呈正相关
    C. 考试焦虑与竞争水平呈负相关
    D. 考试焦虑与考试失败经历呈正相关
    E. 考试焦虑与心理生理状态呈负相关

17. 关于学习型社会的理解正确的有(　　)
    A. 学习社会就是生理寿命大为延长、知识寿命大为缩短的社会所形成的。人生已经不能截然分为接受教育及从事工作两个阶段:个人自少至老都要不断地学习。我国所谓活到老、学到老的说法,显得特别有意义
    B. 学校只是学习的一种场所,其他还有很多非正规和非正式的学习管道
    C. 在学习社会中,考试、资格与文凭,仍然有绝对性价值
    D. 在学习社会中,一辈子的学习是一个积累经验的创意过程,而不是一个外放的、充满压力的受教过程
    E. 在学习社会中,个人应该活得更积极、更客观、更前瞻、更健康

二、简述题

1. 什么是传统学习观? 什么是现代学习观?

2. 如何尝试进行全新的学习？

3. 常见的学习障碍有哪些？

4. 试简述一下中职生具备的创造性优势。

5. 自学能力包括哪几个方面的能力?

6. 简述记忆的分类。

7. 什么是"高原现象",其产生的原因是什么?

8. 如何克服考试焦虑?

9. 简述终身学习的含义。

10. 简述如何建立终身学习的习惯。

第五章 提升职业心理素质

教学目标

了解职业与生活、成长和学习的关系,懂得职业心理素质的重要性。正确对待职业压力与职业倦怠,提高职业适应能力,为成功的求职就业与创业奠定心理基础。

教学要求

认知:了解职业心理素质的重要性,正确对待求职就业与创业中出现的心理行为问题。

情感态度观念:勇于面对职业压力与职业倦怠,认同职业角色规范,不懈追求创业和创新。

运用:掌握提高职业适应能力的方法,在体验和实践中提高职业心理素质。

知识梳理

一、气质与职业

正是各不相同的气质、性格和能力的不同组合,构成了千差万别的人。要选择一个适合自己的职业,首先就要正确地认识自己、要了解自己的气质、性格。

1. 外倾型气质

气质外倾强烈的人,在需求手部动作灵活、言语反应迅速、判断快速果断的工作岗位上,比气质内倾的人更具有优势;而需求精细、认真、持久的工作岗位,气质内倾的人则更合适一些。一般说来,一个内倾型气质的人想要成为一名汽车推销员或者一个外倾型气质的人想要成为一名会计,都是比较难办到的。

2. 感觉型气质

感觉型气质的人可以成为一名很好的警察、消防员,然而却很难成为一名优秀的老师。

3. 直觉型气质

直觉型气质的人可以成为一名很好的修理工或故障检修员,却很难成为固定生产线上反复做同一种工作的工人。

4. 情感型气质

情感型气质的人应该避免从事要求具备抽象思维能力的工作。

5. 思维型气质

思维型气质的人则应该避免从事需求丰富情感的职业。

二、性格与职业

1. 现实型

现实型的人喜欢有规则的具体的工作和需求基本技能的工作。这类职业一般是指熟练的技术性工作,通常要运用具体仪器或其他手工工具或机器进行劳动。这类人往往缺乏社交能力。

2. 研究型

研究型的人喜欢智力的、抽象的、分析的、推理的、独立的任务。这类职业主要指科学研究和实验方面的工作。这类人往往缺乏领导能力。

3. 艺术型

艺术型的人喜欢通过艺术作品来表现自我,爱想象,感情丰富,不顺从,有创造性,能反省。

4. 社会型

社会型的人喜欢社会交往,常出入社交场所,关心社会问题,愿为别人服务,对教育活动感兴趣。这类人往往缺乏机械能力。

5. 企业型

企业型的人性格外倾,爱冒险,喜欢担任领导角色,具有支配、劝说和言语技能。这类人往往缺乏科学研究能力。

6. 常规型

常规型即传统型的人喜欢系统的、有条理的工作任务,具有实际、自控及保守的特点。这类人往往缺乏艺术能力。

三、职业心理素质

职业心理素质是职业素质的一种,职业素质是指劳动者对社会职业了解与适应能力的一种综合体现,其主要表现在职业兴趣、职业能力、职业个性及职业情况等方面。职业心理素质是指从业者认知、感知、记忆、想象、情感、意志、态度、个性特征(兴趣、能力、气质、性格、习惯)等方面的素质,除此之外还包括以下素质。

- 身体素质:指体质和健康(主要指生理)方面的素质。
- 心理素质:指认知、感知、记忆、想象、情感、意志、态度、个性特征(兴趣、能力、气质、性格、习惯)等方面的素质。
- 政治素质:指政治立场、政治观点、政治信念与信仰等方面的素质。
- 思想素质:指思想认识、思想觉悟、思想方法、价值观念等方面的素质。
- 道德素质:指道德认识、道德情感、道德意志、道德行为、道德修养、组织纪律观念方面的素质。
- 科技文化素质:指科学知识、技术知识、文化知识、文化修养方面的素质。
- 审美素质:指美感、审美意识、审美观、审美情趣、审美能力方面的素质。
- 专业素质:指专业知识、专业理论、专业技能、必要的组织管理能力等。
- 社会交往和适应素质:主要是语言表达能力、社交活动能力、社会适应能力等。
- 学习和创新方面的素质:主要是学习能力、信息能力、创新意识、创新精神、创新能力、创业意识与创业能力等。

四、了解职业角色

1. 认识职业角色

中职生从进校起,就应正确认识其"职业角色",也就是进行"职业角色"的学习。

首先学习"职业角色"的责任与权利;其次学习"职业角色"的态度与情感;再次是学习"职业角色"的知识与技能。"职业角色"的认识是一种综合性的学习,它是根据其所占的地位而由各式各样的行为方式所综合起来的一个整体,同时,"职业角色"的学习是在相互作用着的人与人的社会关系中进行的。

2. 强化职业角色

要使自身把所学专业知识转化为专业技能,就得不断让学生从认识——实践——再认识——再实践,通过不断循环往复,也就是通过不断地训练、强化,使学生逐步地进入"职业角色"。对"职业角色"强化的途径和方法是多种多样的。

首先,学校要主动创设提供给学生进行"职业角色"强化的机会。其次,要根据不同专业特点,开展各种丰富多彩的活动,以强化学生的"职业角色"职业技能的形成。瞄准需求结合实际进行多维度的素质训练。练沟通与交流——课前5分钟演讲、每周热点辩论、脱口秀表演等。练组织能力——模拟商品交易会、模拟谈判、模拟发布会;练团队精神——文体活动等各种比赛;练创造能力——商品项目推广计划方案大赛、商品市场调查问卷设计及实施方案比赛等。

针对当前学生就业难的实际问题,组织学生到基层企业见习,强化"职业角色"锻炼,培养学生适应就业市场需要的能力。"职业角色"培养以贴近社会、贴近职业、贴近学生为特点,让学生感到亲切、实际,并在全体教师中形成人人是职业指导师的良好氛围。

五、明确自己的职业角色

中职毕业生的角色定位,是指中职毕业生在选择或被安排到一个岗位充当一定角色后,努力弄清新角色的职责及其规范要求,认识到社会对他(她)的具体期望的过程。中职生圆满完成学业走向社会的某个岗位后,准备开始工作,从这一时刻起,他的学生角色宣告终结,同时他们又担当起一个社会角色。这时就有一个正确认识角色转换和实现角色转换的过程。

1. 正确认识角色转换

社会角色由角色权利、角色义务和角色规范三要素组成。学生角色与职业角色的根本不同在于以下3点。

(1)社会责任不同

(2)社会规范不同

(3)社会权利不同

2. 影响中职生职业转换的因素

(1)依恋性　刚走上工作岗位的中职毕业生,在角色转换中容易出现怀旧心理。学生生活使他们养成了一种习惯性的学习、生活和思维方式,刚走上工作岗位,常常会不自觉地将自己置身于学生角色的位置,表现出对学生角色的依恋,以学生角色来要求自己和对待工作,以学生角色的习惯方式观察事物和分析事物。

(2)畏缩性　刚步入社会的中职毕业生,在角色转换中还容易表现出一定的畏缩情绪。面对新的环境,一些中职毕业生不知工作从何入手,缩手缩脚,前怕狼后怕虎,怕担责任,怕造成不良的第一印象,工作中放不开手脚,缺乏年轻人的朝气和锐气。

(3)自傲性　一些中职毕业生以为接受了正规教育,已经学到了不少知识和技能,已经是人才了。因此,看不起基层工作,甚至认为自己是大材小用,有失身份。实质上是眼高手低,大事做不了,小事又不做。

(4)浮躁性　一些中职毕业生在角色转换中表现出不踏实、不稳定的特征。一阵子想干这项工作,一阵子又想干另一项工作,对交给的本职工作坚持不下去,缺乏敬业精神。

3. 角色转换的实现

实现学生角色向职业角色的转换是一个艰苦的过程,需要坚持不懈的努力。在此过程中应注意以下几点。

(1)安心本职工作,甘干吃苦

(2)放下架子,虚心学习

(3)善于观察,勤于思考

(4)勇挑重担,乐于奉献

六、认识职业压力

1. 了解职业压力与压力的来源

(1)职业压力的含义与分类　有关研究报告指出,在工作压力上,企业员工对于工作任务、劳动强度、工作责任和竞争等内容的压力感受较为明显。在社会转型期,因为经济体制和劳动组织制度的改革,企业员工对竞争压力的感受也越来越大。由于高等院校的逐年扩招和下岗工人再就业,就业市场竞争日益激烈,中职教育面临着严峻的考验。

职场压力可分为急性和慢性,前者指突发性的职场事件或政策变化所造成个人工作经验的改变,后者则是长期累积性职场人事物所导致的个人工作经历耗损有关。同样造成各种职业性精神疾病和职业压力症候群,也会因个别工作人员的人格特质和反应方式不同而有各种症状表现。常见职业性精神疾病包括焦虑症(如恐慌症、畏惧症、强迫症等)、忧郁症、适应障碍症、心身症、身体化疾病、睡眠或饮食障碍及酒药瘾问题等。常见职业压力症候群则有科技压力症候群、燃烧症候群、妇女职业症候群及人事异动症候群等。

(2)职业压力的来源　所以,面对压力的时候,我们应该分析这种压力的根源是哪里?有哪些因素是我可以改变的,我是否有改变的能力,是现在改变还是未来改变。这样,才可以找到释放压力的方法。

①重新定义。"重新定义"是一种重要的思考方式,就是换一个角度,用正面的思维去找到积极的情绪。经过重新定义后,也许事实仍然存在,但是心理的负担却会减轻很多,这是减负和释放压力的重要方法,凡事往积极的方面去定义,形成习惯,慢慢地自然会轻松地面对压力。而且,人在没有压力的状态下更能充分发挥自己的能力,更容易做好每一件事情。

②设定心锚。每个人在走过的生命历程中,总会有这样的感觉:当听到某一首自己熟悉的歌曲时,总会想起自己那时候的心情;当看到某一个物品的时候,总会想起它的由来,以及相关的人物和场景;当到达一个熟悉的地方时,会回忆以前去过的经历。所谓设定心锚,是一种催眠的术语,是指在催眠状态下的人的大脑中建立一种感应点,当这个人再次面对同样的来自外界或内在的刺激或表象的时候,就会在大脑中再次触发或表现某种反应。

2. 职业压力的调适方法

我们把压力分为几类,分别找出缓冲各种压力的关键点,关注并做好这些关键点,就会让自己在很大的程度上避免了压力的产生。

(1)缓冲工作压力的关键点　维持良好的同事(上下左右)关系;优先处理重要、紧急的工作;少做不重要的工作;预先计划;设定完成工作的期限,不要给自己任何借口拖延;改善工作环境(精心布置自己的办公桌、办公室,使其看起来舒服);定时给自己小憩的时间(喝水、散步、聊天、闭目、伸懒腰等)。

(2)缓冲人际关系压力的关键点　用幽默和笑声建立正面、和谐的关系;享受亲朋好友的快乐;建立自己的支持性人脉;与家人、朋友或同事一起做喜欢的娱乐活动;关怀、帮助别人。

（3）缓冲精神、身体压力的关键点　定期做有氧运动（游泳、跑步、瑜伽等）；正确深呼吸，快速放松自己；转变思维（重新定义、设定心锚）；空闲、独处时做做白日梦；学习有兴趣的新事物；改变行为习惯；均衡的饮食；戒掉不良的习惯；懂得爱与被爱。

七、提高自身的实践能力

1. 提高自身素质

在择业、应聘时应注重提高自身的素质，可以从以下两个方面来提高。

（1）加强实际训练　中职生应加强实战模拟，可先与熟人练习面谈，锻炼自己的表达能力，运用和熟悉推荐自我的技巧，然后本着循序渐进的原则扩大范围，增加难度。

（2）注重行为修养，言行举止文明　应聘从某种角度来说就是推销自己，所以，也要讲求技巧。要掌握听说的艺术，会听、会说是面试的重要技巧。

2. 提高就业的综合能力

（1）自我推销能力　在自主择业双向选择的就业模式下，中职生自我推销显得十分重要。自荐意识是毕业生顺利就业的基础。即使是金子，如果不善于积极地推销自我，也找不到发光的地方。

（2）合作共处能力　市场经济既需求人们具备竞争意识，也需求人们的合作精神，需求具备和他人合作共处的能力。中职生一定要学会与人合作，在就业过程中有意识地展示和增强自己善于与人合作的修养。

八、了解职业倦怠

1. 职业倦怠的特征、原因与克服

（1）职业倦怠的特征　职业倦怠最常表现出来的症状有3种。

①对工作丧失热情，情绪烦躁、易怒，对前途感到无望，对周围的人、事物漠不关心。

②工作态度消极，对服务或接触的对象越发没耐心、不柔和，如教师厌倦教书，无故体罚学生，或医护人员对工作厌倦而对病人态度恶劣等。

③对自己工作的意义和价值评价下降，常常迟到早退，甚至开始打算跳槽甚至转行。

（2）职业倦怠的原因

①教师、医护工作者等相关从业人员是职业倦怠症的高发群体，这类助人的职业，当助人者将个体的内部资源耗尽而无补充时，就会引发倦怠。不过，压力过低、缺乏挑战性的工作，由于个人能力得不到发挥，无法获取成就感，也会产生职业倦怠。

②由于刚刚毕业的学生为了赶紧找到一份工作会漫无目的地四处撒网，最后糊里糊涂进入职场工作，根本没思考自己究竟喜欢什么样的工作，往往等到工作一段时间后才发现好像入错了行，这种严重职业错位的情况，长期延续必然会导致职业倦怠。

③自我评价低、凡事追求完美主义、A型性格、外控性格等都容易受到职业倦怠症的折磨。A型性格是一种"工作狂"的性格特点，容易紧张，情绪急躁，进取心强，在外界看来好像冲劲十足，就像永不断电的长效电池，实际上身心状况超支付出，而易导致身心的倦怠。

④工作负担过重、缺乏工作自主、薪资待遇不合期望、职场的人际关系疏离、强烈认为组织待遇不公或是和公司的理念不和,都会变相引发职业倦怠症。

(3)克服职业倦怠

①拓展自己的职业发展空间。

②工作改善只需改变一点点。

③少一点关注自己的工作,多去从办公室外汲取动力的源泉。

④试着向侧面发展自己的职业空间。

⑤积极主动才能超越。

⑥补充自己的技能。

2. 易感职业倦怠人群的诊断与治疗(以教师为例)

(1)易感特质一:工作狂

倦怠原因:"工作狂"因为非常害怕不忙,所以非常忙。他们闲下来便会平白滋生出"罪恶感",恨不得用工作填满生活的每一个角落。他们是沉溺工作,甚至依赖工作的人,因而也容易受到枯竭的侵害。一类工作狂是过分高估自己在工作上的作用,他们将自己的贡献视为衡量个人价值的标准,相信所有的努力最后可以使自己出类拔萃、功成名就、人见人爱,因此不顾一切地付出。另一类工作狂将工作的需求列于首位,甚至超越个人需求的重要性,阻绝自己与生活方面的联系,从不将休闲、放松视为生活的一部分。还有一些工作狂把工作当做是逃离生活问题的方式,以工作作为逃避家庭的借口和保护伞。无论是哪一种工作狂,因为他们身心的付出过多,工作与休闲严重失衡,长此以往,就很可能深陷于职业倦怠泥潭之中。

改变建议:首先,反省自己。思考一下几个问题:工作对我来说真的有那么重要吗?我在工作中真的独一无二、无可取代吗?我非得这么忙不可吗?我所忙的事情究竟有多大价值?然后你或许会发现,忙碌只是一种习惯,而失去了它本来的意义。你不是超人,不可能承担工作中的一切责任,而工作也无法回馈给你所需要的一切满足,生活中重要的除了工作,还有很多。其次,有限度地工作。尽管工作努力无论对个人,还是对组织都具有积极的意义,但如果过度工作侵害了健康,导致家庭和工作的失衡,那就失去了工作本身的意义。所以,我们提倡有限度的工作狂行为,将自己的时间分成几大块,享受工作也享受生活。在业余时间,我们要尽可能地多参加一些体育活动,与家人和朋友共处,而不是把家庭变成第二个工作场所。也可以列出一份工作日程表,先将自己现在的所有工作项目和工作时间一一写明,然后考虑哪些可以完全放弃,哪些可交由他人或与他人合作完成,同时注重提高工作效率。

(2)易感特质二:逃避型

倦怠原因:面对同样的压力,有的人安然无恙,有的人却身心衰竭,其中一部分原因是他们使用了不同的方法去处理自己所面对的压力,因而最终的结果也有所不同。职业倦怠者最常使用的则是逃避型应对,即消极地忽略或者回避压力,甚至否认压力的存在,或者忽视它对自身已经带来的负面影响,却从不试图用某些实际行动来改变现状、对抗压力,这种被动接受、消极逃避、自欺欺人的做法显然无助于减轻压力,反而会形成恶性循环,使身心更加受累,从而导致枯竭。

改变建议：心理学的研究发现，心理健康者最常使用的压力应对方式是控制型应对，即积极主动地针对不同压力做出适当的反应，实事求是地解决问题。具体做法可以是改变自己或者寻求帮助。如感觉工作量太大，可以先自己进行一些时间管理，合理分配每个单位时间段里要做的事情；也可以主动找领导沟通，要求减轻一些工作量，或者寻求同事的支持等。总之，当压力来临时，保持一个良好的心态，尝试去解决压力带来的不适感，而不要屈服于这种不适感之下，才能够最终战胜压力。

（3）易感特质三：A 型性格

倦怠原因：心理学家把竞争、缺乏耐心、时间紧迫感、敌意、说话动作快速、急躁、进取、好胜等这一组性格特质统称为"A 型性格"。A 型性格的人通常都具有很高的成就动机，他们努力工作不单单是为了钱（虽然他们也和其他人一样想赚得更多），也不是迫于谁的命令，而是想要追寻人生的意义和存在的价值。这些自我催发、自我激励、自我实现的人，难免会自我设限，在追求卓越的过程中陷入完美主义的圈套，因为"一个完美无缺的系统也是一个接近崩溃的系统"。A 型性格的人总会给自己设立很高的目标和期望，但未曾想这些期望正暗藏着压力。比如，当初的期望就是"成为最好的"，而现在的压力是"成不了最好的"，或者"害怕被别人从最好的位置上挤下来"。也就是说，期望滋生压力，压力又使期望受挫，如果再把挫折视为对自尊的威胁和不可容忍的失败，长此以往，工作非但不能带来愉快，反而备受打击，产生枯竭感就在所难免了。此外，A 型性格的人由于长期处于紧张状态，身体也容易受损。

改变建议：首先，给自己订立适当的、力所能及的目标，或者将大目标拆分成若干个阶段性的小目标，逐步去完成，并经常进行自我奖励。短期内无法实现的目标就不妨将它暂时搁置为理想，享受现在虽不完美但却正常的生活。其次，列出自己的压力来源清单，逐个分析其中哪些是可省可免的期待，哪些是自我强加的压力，有意识地将它们减免。第三，放慢生活的脚步，给自己留有余地，学习欣赏和享受工作领域以外的其他成就。

（4）易感特质四：神经质

倦怠原因："神经质"的人感情易受伤害，多忧多虑，总会担心发生不好的事情，容易陷入某种情绪中，并表现出来。他们对日常压力表现得比一般人敏感，显得抗压性和耐挫性较弱。因为他们对压力事件的评估时常是夸张的，导致负面情绪增多，陷入自怨自艾，所以别人能够忍受的压力就可能使得他们枯竭。

改变建议：首先，学习发现工作中的乐趣，把注意力放到工作给自己带来的愉悦和满足上，而不要只纠缠于工作中的消极方面。比如，有的老师将学生获得的点滴进步都视作对自己的鼓励，感到莫大的幸福与自豪，那么即使工作上有一定的压力，也不会造成心理负担。其次，掌握一些调节情绪的方法。当负面情绪出现时，首先要问一问自己："我为什么会出现这种情绪？"找到情绪反应的原因。其次要用适当的方式表达自己的情绪，"神经质"的人表达情绪的方式是不成熟的，他们总是高估问题，低估自己的能力，喜欢将事件的焦点集中在自己身上。例如他们常常会说"为什么我总是那么倒霉""我的命怎么那么苦"，这些都不是就事论事的客观反应。适当的方式应该是从问题本身出发，平和地表达出自己的感受，例如"今天有学生在考试中作弊，我感到生气，但这样的事情可能很多老师都会碰到，所以我也一定能够解决"。之后再去寻找有效的途径改变引发负面情绪的事件,从而从负面情绪中解脱出来。

九、中职生择业面临的心理问题

1. 中职生求职择业的典型职业心态

(1)功利心理 很多毕业生都涌向大城市、经济特区,涌向三资企业,他们往往是出于功利心理。他们求职或择业的动机,既有为国家、为社会、为人民作出贡献的强烈愿望,也有获取高收入、高地位的渴望。

(2)安全心理 安全心理是指有的人往往从职业的稳定程度出发而选择变化较小的职业。

(3)竞争心理 竞争心理在求职择业过程中表现得十分明显。

(4)求便心理 求便心理就是指那些为了离家近或追求生活便利的人具有的一种求职心态。

(5)从众心理 一些中职生在求职现场寻找热门职业,报考的人数越多,他们对那些职业的渴求越大。

(6)依赖心理 在临近毕业时,这些人有的把就业的希望寄托在学校和老师身上,有的向千里之外的家长寻求帮助,有的对职业左顾右盼,拿不定主意。

2. 中职生就业的心理矛盾

(1)有远大的理想,但不能正视现实

(2)想做一番事业,但缺乏吃苦准备

(3)重视自我价值,但难以把握自我

(4)面对多种选择,但不愿作出决断

(5)渴望参与竞争,但没有竞争勇气

十、中职生就业的健康心理

1. 树立正确的就业观

(1)就业观 就业观是指对就业选择的基本看法,是个体在一定的世界观、人生观和价值观的指导下,对自己未来所从事的职业和发展目标的基本认识和态度。

(2)正确就业观的内容 树立正确的就业观,是中职生能够正确认识社会、正确认识自己,顺利就业的保证。

①要把个人愿望和社会需求结合起来,要做到以下几点。

一要不唯对口,用所长;

二要不等分配,找市场;

三要不求定位,先就业;

四要不谈舒适,求发展;

五要不究性质,看单位;

六要不求从业,图创业。

②要把为社会贡献和实现自我价值有机地统一起来。有些中职生认为自己学历、地位不高,很难实现自己的价值,因此妄自菲薄、自暴自弃。这种思想是错误的,自我价值是

由社会决定的,个人在社会上作用的大小、贡献的多少,要看其劳动成果得到社会承认的有多少。自我价值只有在他所在的企业的价值实现之后才能实现,这是因为人的价值是通过个人和集体的关系表现出来的,个人在集体中的影响是衡量个人价值的尺度。

2. 培养健康的就业心态

(1)正视社会,适应现实

(2)认识自己,人职匹配

(3)放眼未来,终身学习

十一、中职生"心理不就业"现象

1. 什么是心理不就业

心理不就业的学生主要特指部分学生由于心智能力不成熟导致不愿或不能就业,或者虽然就业,但由于态度不端正而不能持久。

心理不就业学生的特点是:虽然个体有健康的体魄,却没有明确的人生目标和学习目标,没有时间概念,跟着感觉走,贪图享受或者"常立志"却没有任何实际行动。心理不就业包括两类学生:一是主要由于性格原因,如胆怯、不愿吃苦等,毕业后赋闲在家,无所事事,一直没有走上工作岗位。二是毕业后虽然暂时勉强走上工作岗位,但是从内心并不珍惜工作机会,在工作中没有全身心投入,以工作太紧张、不适应工作环境、人际关系不好和希望再学习等原因随时可能撤离工作岗位。

2. 心理不就业的原因

首先,学生欠缺生存忧患意识,没有自食其力养活自己的观念和责任。

第二,学生"长大不成人",缺乏社会责任意识。

第三,错误的职业观。收入水平已错误地成为学生衡量个人价值的重要标志。

第四,求学时没有明确的学习目标,因此自己没有学习计划,学习是被动的、敷衍的。

第五,学生心理抗挫折能力薄弱,依赖性太强。

3. 心理不就业的矫正对策

(1)心理辅导 所谓心理辅导就是运用现代教育学、心理学等理论,根据中职生心理发展中所面临的问题,对其进行帮助、指导。现在的中职生面临许多心理困惑,如学习问题、人际关系问题、个人感情问题、择业问题等,这些问题不解决就很难形成健康人格,因此我们要针对学生这些问题进行心理辅导,利用班会、讲座、心理咨询室等形式进行心理健康教育,帮助学生排除烦恼,克服障碍,增强抗挫折能力,形成健康的人生观和择业观。

(2)就业指导 中职生所面临就业的压力是非常大的,一是自身资历不深,二是期望值过高,不少中职生没有正确择业观,应聘面试时常常面临失败。应将就业指导课纳入必修课范畴,授课时间不少于80学时,成立专门的就业指导委员会,形成规范、系统的就业指导体系,其中应包括见习、参观实习、企业经理人讲座、模拟招聘会、优秀毕业生报告会等内容,切实加强中职生就业指导工作,让学生在心理上接受就业安排,思想上重视就业岗位,从而达到心理、思想、行动上的一致。

(3)建立正确社会人才观的舆论氛围 职业学校应组织学生认真学习胡锦涛总书记提出来的"八荣八耻",以辛勤劳动为荣、以好逸恶劳为耻,身体力行,进一步加强学生的思想政治教育,培养学生深厚的爱国主义、集体主义情感,帮助他们树立正确的人生价值观和择业观,引导他们走出以个人为中心的狭隘小圈子,摒弃自私自利、享乐腐化等思想观念。

十二、应正确处理好 4 个方面的关系

从毕业生就业工作来看,中职学校学生就业应正确处理好 4 个方面的关系。

1. 学会做人比学会做事更重要

人生第一重要的东西就是学会做人。学会做人是一个人的立身之本,是成就事业的前提,做人是做事的原则和基础,实际上做人并不是做事之外的一个独立行为,而是蕴含在两者之中,是通过做事体现出来的一种总体的生活态度和价值观。

2. 拥有专长比热门专业更重要

在当今人才市场上,机械专业毕业生应聘编辑记者,工商管理专业毕业生应聘外语教师等专业不完全对口现象十分普遍,但具备专长的复合型人才却成为众多用人单位竞相征聘的对象。专长是指在某个或某些特定领域的出色而稳定的知识和技能。人事招聘的负责人认为,"选择人才不能只看专业,更主要的是看专长和能力,看有没有培养和开发的潜力"。他们认为所学专业并不很重要,关键的是看专长是不是符合企业、公司的需要。

3. 适应新环境比敢于竞争更重要

中职毕业生已经习惯了校园的单纯和平静,刚走出中职学校大门的中职学生,面临从学生到职员,从学校到职场转变,这需要进行人生角色的重大调整,中职毕业生要进行多方面的适应,主要有以下几方面的内容。

(1)生理的适应　比如你有午睡的习惯,但你的工作却不允许有午睡的时间,你就必须改变这种习惯。又比如企业需要加班,你就必须坚持工作。

(2)心理上的适应　工作意味着你已经是一个独立的责任人,意味着你必须对自己的行为负全部的责任。家庭生活和校园生活中作为子女和学生,你是一个备受呵护的对象,对父母、对老师有依赖性,即使有一些情绪化的举止行为,也很容易得到宽容。但是进入职场后,你的行为会影响工作成效,这种影响的后果只能由你自己来承担。

(3)人际关系的适应　学校中的人际关系相对单纯,自己接触的主要是老师和年龄相仿的同学,沟通也比较容易,容易建立纯真的友谊和感情。但是工作后接触的人则复杂得多,有上下级关系,有年龄和性格相差很大的同事,人际关系不像校园里那样的简单明了,需要用心观察分析,建立良好的人际关系。

(4)工作性质与工作环境的适应　工作的任务主要有哪些?需要和哪些人分工合作?对于工作上的要求能否胜任?自己的能力、兴趣、性格是否能适应这个工作?工作的挑战性是不是很高?完成工作的压力是否很大?公司的工作环境是否安全?工作气氛是不是积极向上?社会上对这份工作的看法如何?这些都需要去适应。

(5)制度上的适应　公司制度与学校制度不一样,你必须熟悉公司制度,执行公司制度,维护公司制度。要牢记——违反制度要受处罚。

(6)文化上的适应　企业文化与学校文化有不同之处,企业面对的客户和合作伙伴,

特别强调"服务"与"合作",客户至上,效率为先。

（7）个人生活的适应　工作的同时也意味着你生活上的独立,限定了你的生活形态。你需要安排好自己的个人生活,比如说个人收入的合理使用计划,工作生活与私人生活的协调,如何承担好对父母和家庭的责任？怎样兼顾工作和感情？如何经营恋爱和婚姻？总而言之,工作后在个人生活上也会随着角色的转变而转变,不再像以前作为学生那么单一。

4. 专注行动比关注知识更重要

企业的内涵和外延虽然不同,但对人才却有一个共同的看法,即不唯学历重能力,不唯知识重行动。对人才都有一个共同的要求,即良好的品质,较强的创新能力和较强的动手能力。企业就像一个浓缩的社会,需要各种人才,如优秀的管理人才、经营人才、技术人才,其中很大的基数是技能型人才。中职生在校要学好专业理论知识的同时,更要注重专业技能的训练,掌握扎实的专业技能,这样在就业中才能充分体现中职生的优势,在竞争中才会脱颖而出。

十三、创业需要的心理素质

1. 成功,需要一点儿"野心"

自古以来,"野心"在多数情况下是个贬义词。不过,现在有心理专家研究表明,"野心"是成功的关键因素"野心"到底靠什么建立,为什么在对待事业上,有些人充满"野心"和活力,而有些人则没有？

（1）"野心"是如何形成的　"野心"是人类行为的推动力,人类通过拥有"野心",可以有力量攫取更多的资源。"野心"的形成可以从家庭出身、社会影响、遗传及个体差异上寻求答案。

①从家庭出身来讲。出生在穷人家的孩子,要为生存而忧虑,可能与生俱来就有"野心";在富裕家庭长大的孩子,可以获得的东西虽然很多,但也有懒惰、挥霍无度的人。总之,研究表明,上流社会之所以有相当大比例的人有"野心",有钱不是主要原因,家庭影响和父母对孩子成功理念的灌输起重要作用。

②社会大环境。当一个人与社会环境相接触时,如果他总是遇到有"野心"的人,那他也会身不由己产生一些想做事业的想法,如果他身边都是一些没有理想,没有"野心",得过且过之辈,即使他有"野心",也会被人讥笑为疯子,久而久之则打消念头。

③在遗传方面。如果你的家族很有"野心",你可能天生就具备这份素质。

④人的性格。有些人总对自己的事业和生活不满,他们总有一种忧患意识,正是这种意识让他们产生焦虑感。焦虑、孩童时有被剥夺感的人,容易在生活中寻求过度补偿而显得"野心"勃勃。

（2）"野心"要适度　在对待"野心"这个问题上,如何做到既促成事业进步,又不伤害别人的利益和自身健康？那就是保持适度。为了做好事业,我们一定要怀有"野心",对于未来要抱有良好的愿景,只要可能,都不妨尝试,这样才能更好地发展自己。

2. 必备的创业心理品质

创业心理品质对创业实践起调节作用。研究表明,下列6种心理品质对创业实践影响较大。

（1）独立思考、判断、选择、行动的心理品质 独立性是创业者最基本的个性品质。这种品质主要体现在：一是自主抉择，即在选择人生道路，选择创业目标时，有自己的见解和主张；二是自主行为，即在行动上很少受他人影响和支配，能按自己主张将决策贯彻到底；三是行为独创，即能够开拓创新，不因循守旧，步人后尘。

（2）善于交流、合作的心理品质 在创业道路上，必须摒弃"同行是冤家"的狭隘观念，学会合作与交往。通过语言、文字等多种形式与周围的人们进行有效的交流与沟通，可以提高办事效率，增加成功的机会。

（3）敢于行动、敢冒风险、敢于拼搏、勇于承担行为后果的心理品质 在市场经济大潮中，机会与风险共存。立志创业，必须敢闯敢干，有胆有识，才能变理想为现实。只要瞄准目标，判断有据，方法得当，就应敢于实践，敢冒风险。对瞄准的目标敢于起步，选定的事业敢冒风险的心理品质又称敢为性。

（4）敢于克服盲目冲动和私利欲望的心理品质 在创业过程中，创业者要善于克制，防止冲动，克制是一种积极的有益的心理品质，它可使人积极有效地控制和调节自己的情绪，使自己的活动始终在正确的轨道上进行，不会因一时的冲动而引起缺乏理智的行为。

（5）坚持不懈、不屈不挠、顽强努力的心理品质 创业者需要百折不挠、坚持不懈的毅力和意志。能够根据市场的需要和变化，确定正确而令人奋进的目标，并带领员工战胜逆境实现目标。创业者必须有一颗永远持之以恒的进取心，三心二意，知难而退，或虎头蛇尾，见异思迁，终将一事无成。

（6）善于进行自我调节、适应性强的心理品质 "水因地而制流，兵因敌而制胜。故兵无常势，水无常形；能因敌变化而取胜者，谓之神"。面对市场的变化多端，竞争激烈，创业者能否因客观变化而"动"，灵活地适应变化，成为创业成功的关键所在。因而，创业者必须以极强的信息意识和对市场走向的敏锐洞察力，瞅准行情，抓住机遇，不失时机地、灵活地进行调整。

十四、做一个有创新精神的人

1. 创业、创新、务实

（1）创业需要创新 从无到有干成一番事业，离不开创造与创新；因此，创新是创业精神的核心。

（2）创新必须务实 任何成功的创造性活动，都不能脱离事物的客观规律。在求真中创造，在务实中创新，创业才能成功。

2. 培养创新思维、创新人格和实践能力

（1）激发创新意识 创新意识是个人根据社会和个体生活发展的需要表现出来的创造的意向、愿望和动机。创新意识是人们进行创造性活动的出发点和内在动力，是形成创新素质的起点。

①要营造一个鼓励创新和想象的课堂气氛。
②要培养学生的认识兴趣。
③要激发学生的创造动机。

（2）启迪创新思维　创新思维又称创造性思维,是指善于运用已有的知识分析研究面临的事物或问题,从而找到创造性地解释这些事物或解决这些问题的新途径、新方法、新结论的一种优良的心理品质。这种心理品质是创新素质的核心。

①要鼓励学生质疑问难。强烈的求知欲,是学生学习的动力,也是创新的催化剂。创新思维往往是从疑问和惊奇开始的。没有疑问便没有思考,没有思考便没有人的想象、直觉、灵感等创新思维要素的动作。

②要训练学生的发散思维。发散思维是指从已知信息中产生大量变化的、独特的新信息的一种沿不同方向、在不同范围、不因循传统的思想方式。发散思维是创新思维的核心。没有思维的发散,就谈不上思维的集中、求异和独创。培养学生的发散思维,应着重启发学生从不同角度对同一问题进行思考。

③要启发学生的形象思维。形象思维是以表象或具体语言进行的思维活动,是以形象方式反映现实或表述知、情、意的思维方式。尽管在人的思维发展的里程中,形象思维是较初级的形式,但是它在创新思维中却占着主导地位。培养和发展学生的形象思维,教师要善于把比较抽象的教学内容形象化,丰富学生有关视觉、听觉、语言的形象。教师可以采用叙述法、联想法、想象法进行训练。

（3）培养创新能力　创新能力是根据一切已知信息,产生出某种新颖、独特、有社会或个人价值的产品的能力。创新能力是创新素质的集中体现。

①在课堂开展好课内活动。

②要开展丰富多彩的课外活动。

③要促成创造性人格品质。

同步练习

一、选择题

1. 气质的类型可以分为(　　　)。

    A. 外倾型气质

    B. 感觉型气质

    C. 直觉型气质

    D. 情感型气质

    E. 思维型气质

2. 下列职业适合现实型性格的人的是(　　　),适合研究型性格的人的是(　　　);适合艺术型性格的人的是(　　　);适合社会型性格的人的是(　　　);适合企业型性格的人的是(　　　);适合常规型性格的人的是(　　　)。

    （1）木匠;（2）农民;（3）技师;（4）工程师;（5）机械师;（6）天文学家;（7）气象学家;（8）动物学家;（9）鱼类和野生动物专家 ;（10）车工;（11）钳工;（12）推销员;（13）商品批发员;（14）进货员;（15）电工;（16）报务员;（17）火车司机;（18）机械制图员;（19）咨询人员;（20）社会工作者;（21）学校教师;（22）精神卫生工作者;（23）电器师 ;（24）机器修理工;（25）音乐教师;（26）演员;（27）记者;（28）作曲家;（29）诗人;（30）长途公共汽车司机;（31）药剂师;（32）化学家;（33）科学报刊

编辑；(34)植物学者；(35)地质学者；(36)作家；(37)编剧；(38)雕刻家 ；(39) 漫画家 ；(40) 数学家；(41)实验员；(42)室内装饰专家 ；(43) 摄影师；(44)成本估算员；(45)秘书；(46)法庭速记员；(47)广告宣传员；(48)调度员；(49)律师；(50)政治家；(51)零售商；(52)导游；(53)福利机构工作者；(54)公共保健护士；(55)核对员；(56)打字员；(57)办公室职员；(58)统计员；(59) 计算机操作员 ；(60) 福利机构工作者；(61)旅馆经理；(62)记账员；(63)银行出纳

3. 关于中职生的职业角色学习,下列说法中正确的是(　　)。
   A. 中职生从进校起,就应正确认识其"职业角色",也就是进行"职业角色"的学习
   B. 职业角色学习只包括"职业角色"的责任与权利,"职业角色"的知识与技能这两个方面
   C. "职业角色"的认识是一种综合性的学习,它是根据其所占的地位而由各式各样的行为方式所综合起来的一个整体
   D. "职业角色"认知应包括人生价值观认知、自我认知、学业认知、专业认知、择业认知、就业认知和创业认知
   E. 培养正确的"职业角色"认知,提高职业认知能力是形成正确的职业理想,职业意识,职业道德,提高自身综合素质和职业能力的前提和基础

4. 影响中职生职业转换的因素主要有(　　)。
   A. 依恋性
   B. 畏缩性
   C. 自傲性
   D. 浮躁性
   E. 盲目性

5. 中职生在实现角色转换的过程中,一定要注意(　　)。
   A. 安心本职工作,甘于吃苦
   B. 大胆尝试,求助父母
   C. 善于观察,勤于思考
   D. 勇挑重担,乐于奉献
   E. 放下架子,虚心学习

6. 下面属于缓冲工作压力的关键点是(　　),属于缓冲人际关系压力的关键点是(　　),属于缓冲精神、身体压力的关键点是(　　)。
   (1)维持良好的同事(上下左右)关系；(2)优先处理重要、紧急的工作；(3)建立自己的支持性人脉；(4)少做不重要的工作；(5)预先计划；(6)改变行为习惯；(7)均衡的饮食；(8)设定完成工作的期限,不要给自己任何借口拖延；(9)改善工作环境(精心布置自己的办公桌、办公室,使其看起来舒服)；(10)戒掉不良的习惯；(11)懂得爱与被爱；(12)定时给自己小憩的时间(喝水、散步、聊天、闭目、伸懒腰等)；(13)用幽默和笑声建立正面、和谐的关系；(14)转变思维(重新定义、设定心锚)；(15)享受亲朋好友的快乐；(16)与家人、朋友或同事一起做喜欢的娱乐活动；(17)关怀、帮助别人；(18)定期做有氧运动(游泳、跑步、瑜伽等)；(19)正确深

呼吸,快速放松自己;(20)空闲、独处时做做白日梦;(21)学习有兴趣的新事物

7. 职业倦怠的特征有(　　)。

   A. 经常夜以继日地加班加点

   B. 对前途感到无望,对周围的人、事物漠不关心

   C. 工作态度消极,对服务或接触的对象越发没耐心、不柔和

   D. 对自己工作的意义和价值评价下降,常常迟到早退,甚至开始打算跳槽甚至转行

   E. 对工作丧失热情,情绪烦躁、易怒。

8. 中职生在求职择业常见的心理有(　　)。

   A. 功利心理

   B. 安全心理

   C. 竞争心理

   D. 求便心理

   E. 自我心理

   F. 依赖心理

9. 中职生就业的心理矛盾有(　　)。

   A. 有远大的理想,但不能正视现实

   B. 想做一番事业,但缺乏吃苦准备

   C. 重视自我价值,但难以把握自我

   D. 面对多种选择,但不愿做出决断

   E. 渴望参与竞争,但没有竞争勇气

10. 培养健康的就业心态应该做到(　　)。

   A. 正视社会,适应现实

   B. 努力学习,夯实专业

   C. 放眼未来,终身学习

   D. 认识自己,人职匹配

   E. 广泛交往,择时而动

11. 关于心理不就业,下列说法中正确的是(　　)

   A. 心理不就业的学生主要特指部分学生由于心智能力早熟,看破红尘,导致不愿就业,或者虽然就业,但不愿意随波逐流不能持久

   B. 心理不就业学生,虽然个体有健康的体魄,却没有明确的人生目标和学习目标,没有时间概念,跟着感觉走,贪图享受或者"常立志"却没有任何实际行动

   C. 心理不就业的学生主要由于性格原因,如胆怯、不愿吃苦等,毕业后赋闲在家,无所事事,一直没有走上工作岗位

   D. 心理不就业的学生毕业后虽然暂时勉强走上工作岗位,但是从内心并不珍惜工作机会

   E. 心理不就业的学生的理由一般都是"工作没意思""没心情工作""太累""还年轻,玩两年再说""工作太紧张""不适应工作环境"等

12. 心理不就业的矫正对策有(　　　)。
   A. 心理辅导
   B. 激励就业
   C. 建立正确社会人才观的舆论氛围
   D. 强制就业
   E. 就业指导

13. 从毕业生就业工作来看,中职学校学生就业应正确处理好 4 个方面的关系分别是(　　　)。
   A. 学会做人比学会做事更重要
   B. 人际交往比知识技能更重要
   C. 适应新环境比敢于竞争更重要
   D. 专注行动比关注知识更重要
   E. 拥有专长比热门专业更重要

二、简述题

1. 什么是职业心理素质,它主要体现在哪几个方面?

2. 如何强化职业角色?

3. 学生角色与职业角色的根本不同在于哪几点？

4. 什么是职业压力？怎么分类？

5. 在生活中大多数人在遇到以下事情的时候，会出现负面的情绪：

我的恋人抛弃了我，生活一片黑暗；我在公司没有升职的可能了，没什么前途；我的沟通能力不佳，不知道做什么工作好；上司很挑剔，总是看我这不顺眼那不顺眼，烦；那个同事很难相处，可是工作上要经常接触；我的下属一点能力都没有，总是要我亲力亲为。

那么，我们如何运用"重新定义"来缓解以上的负面情绪呢？

6. 如何提高自身素质？

7. 如何克服职业倦怠？

8. 什么是就业观？正确的就业观的内容是什么？

9. 简述心理不就业的原因。

10. 从学校到职场转变,中职毕业生要进行多方面的适应,主要有哪些方面?

11. 必备的创业心理品质有哪些?

12. 论述创业、创新、务实三者之间的关系。

13. 如何培养创新能力？

第一章

一、选择题

1. ACDE

2. ACE

3. ACD

4. BDE

5. ABCD

6. (B),(A),(D),(C),(E),(F)。

7. ACE

8. ABCD

9. ACE

10. ACE

11. (BADCFE)

12. ACDE

13. (CDEHIMN),(ABFGJKLO)

14. ABCD

15. ACDE

16. ABDE

17. BDE

二、简述题

1. 什么是心理健康?

一般而言,心理健康概念是指:个体的心理活动处于正常状态下,即认知正常,情感协调,意志健全,个性完整和适应良好,能够充分发挥自身的最大潜能,以适应生活、学习、工作和社会环境的发展与变化的需要。

2. 中职生对心理健康认识的误区有哪些?

误区一:自己心理没毛病,无须考虑心理健康问题。

心理健康作为一种活动,它的任务不仅仅是为一些人克服心理障碍或精神疾病,而是帮助人们培养和维护健全的人格、健康的心理和社会活动能力,使人们在学习、工作、生活、创造活动中保持身心健康,处于完满康宁状态。所以,无论何人、何时,都不应该忽视自身的心理健康,它同生理健康、生理保健一样相伴我们每个人的终生。健康的心理是社会进步的标志,随着社会的发展,物质生活水平的提高,人们将更加关注精神生活的质量,心理健康的要求将更为迫切。

误区之二:心理健康就是追求完美,正常人难以做到。

关于心理健康,很多学者提出了不同的标准,有些人对照检查,发现自己很多方面达不到要求,从而认为心理健康高不可攀,对心理健康失去信心,这种完美化倾向也是不可取的。其实,心理健康所描述的只是一定时期一定社会环境下人们的心理表现状态或发展水平,并没有绝对的标准,而且,人们对心理健康的认识也是与时俱进、因地而异的,不同的时期,不同的社会环境应有不同的心理健康尺度。在一定时期一定社会环境中,大多数人的心理应该都是健康的,不健康的毕竟只是少数。只要我们能与周围环境保持协调一致,与他人融洽相处,具有积极向上的人生态度和生活目标,就应该是健康的心理,而这些通过努力是不难做到的。

误区之三:社会对自己太不公平,没理由乐观。

乐观、积极的态度是健康心理的标志。生活中,有人列举种种理由,诸如经济条件差、容貌不漂亮、婚姻不如意、事业无成就等,为自己的消极、悲观寻找借口,整日怨天尤人、牢骚满腹,这是一种心理不健康的表现。

任何事物都有两面性,既有不利的一面,也有有利的一面。不利条件、挫折虽然为我们的目标实现增加了一些困难,但可以磨炼意志,更具挑战性,能使我们体会到更大的追求乐趣,积累精神财富。因此,无论顺境与逆境、成就大小、地位高低、富裕贫穷,都不应该成为我们心理健康的障碍,人人都可以选择快乐,人人都有权追求快乐。另外,人的心理与生理是互相影响的,焦虑、忧愁的情绪不但摧残人的心理健康,而且对身体健康也会产生消极的影响。

误区之四:心理障碍者是另类,很可怕。

根据心理健康的状态、水平不同,可以将其分为健康、亚健康、心理障碍、精神疾病等不同的状态,每个人的心理在一定时期必然处于其中的一种状态,并且可以在这些状态之间转换。也就是说,一个心理健康的人在遭受连续的挫折或生活不顺利时,如果不注意心理调适,就可能情绪低落、精神萎靡,过渡到亚健康状态,甚至产生心理障碍。同样,一个有心理障碍的人也可以通过心理咨询与治疗恢复到健康状态,它们之间并没有不可逾越的鸿沟,否则,我们的心理健康运动、心理咨询与治疗也就失去了意义。由此可知,心理障碍只不过是一种不良的心理状态,而且这种状态又是可以改变的,也没有什么可怕,我们既不能歧视心理障碍患者,更不能因自己的心理疾病而悲观失望,丧失对美好生活的追求。

误区之五:心理平衡就是心理健康。

同社会的不断发展一样,人的心理也处于动态变化之中,在“追求平衡——打破平衡——追求新的平衡”过程中不断发展。心理健康并不是平衡与适应状态,而是两极中的中间位置,如果仅停留于平衡、满足状态,就会失去前进的动力,心理就不能发展,只能停留在一个"健康"水平上。通常人们把"适应"理解成对周围环境的顺从,把"平衡"理解为内心无冲突。如果说"平衡"就是健康,那么一个满足现状、没有追求、不思进取的人,内部就很平衡,因为他不会有挫折感,也没有冲突。如果说"适应"就是健康,那么现在社会上有的人见人说人话,逢鬼说鬼话,左右逢源,上下讨好,这种"健康"显然也不是我们所需要的。宽宏地包容他人的缺点,豁达地对待是是非非,自然就少了许多牢骚和怨气。始终保持昂扬的斗志和蓬勃的朝气,自信、勇敢地追求美好未来,使自己的潜能得到充分的展示、开发,人生就会绚丽多彩,这才是健康心理的真谛。

3. 判断一个人身体是否健康,书中提到了14条标准来进行衡量,请简述一下是哪14条标准。

(1)眼睛有神

(2)面色红润

(3)呼吸微徐

(4)声音洪亮

(5)情绪稳定

(6)腰腿灵便

(7)二便正常

(8)牙齿坚固

(9)不胖不瘦

(10)脉象缓匀

(11)头发润泽

(12)双耳聪敏

(13)记忆力好

(14)食欲正常

4. 什么是神经症,其特点是什么?

神经症又称神经官能症。它是大脑功能活动暂时性失调所致的一组心理疾病的总称。我国常见的神经症类型有7种:疑病症、神经衰弱、恐怖性神经症、抑郁性神经症、焦虑神经症、癔症性神经症、强迫性神经症。神经症的特点为:

● 神经症的发病通常与不良的社会心理因素有关,故称心因素疾病;

● 患者一般能适应社会,但其症状对学习、工作有不利影响;

● 患者常以性格缺陷作为发病的基础;

● 患者对自己所患疾病一般都有较好的认识能力,并感受到痛苦,要求治疗;

● 症状多样性,但客观检查多数见不到相应的体征;

● 心理治疗是基本的治疗方法,配合药物和其他措施治疗,效果较好。

5. 试阐述中职生心理健康中值得重视的几个问题分别是什么?

(1)学习问题 学习困难,学习压力大,学习动力不足,学习成绩不理想,学习目的不明确等学业问题始终困扰着中职生。主要表现在以下几方面:

①学习动机功利化。学生受市场经济利益杠杆的直接影响,对于学习学生表现出空

前的功利意识。"考证热"正是学习功利化的直接表现。学生充分了解到市场对各种证书的青睐,因而放弃了专业课的学习去追逐各种有用的证书,各种各样的证书班摩肩接踵。

②学习动力不足。在中职生生活事件量表中,列在第一位的是学习压力大。总感到是在巨大的考试压力下被动地学,而静下来想,为什么学时,会感到很苦恼。

③学习成绩不理想。虽然学习上很尽力,上职中就是为了求学,而学习成绩总是不理想,因而感到很自卑,也十分压抑。

④学习目的不明确。很多同学为了应付不得不参加的考试、不能不做的事而学习。有的学生甚至直截了当地回答:为了能够考试过关,至于为什么学则心中没有底。

(2)情绪问题　稳定的情绪、积极良好的情绪反应,是学生能够成才的重要因素,也是学生心理健康中值得重视的问题。

①抑郁。指个体心中持久的情绪以低落为主,常伴有身体不适、睡眠不足等。通常是感觉心情压抑、沮丧、无精打采、什么活动都懒于参加,什么事也提不起精神来,逃避参与。

②情绪失衡。中职生的社会情感丰富而强烈,具有一定的不稳定性与内隐性,表现为情绪波动大,高低不定,喜怒无定。许多人常会因一点小小的胜利而沾沾自喜,也容易为一次考试失败、情感受挫而一蹶不振,甚至无法控制自己的情绪反应。对中职生来说,特别是负性情绪的控制相对较弱。

(3)性教育问题　性教育是健康教育,道德教育、文明教育,也是人格教育,基本得到了社会各界的认同,但性生理与性心理方面的问题并未得到很好的解决。由于性教育的严重缺失,很多学生不能正确认识自我的性反应,产生了堕落感、耻辱感与性罪错感,把性与不洁联系起来。

(4)特殊群体学生的心理健康问题

①独生子女心理健康问题。良好的经济条件,缺乏直接的竞争压力。由于在家庭中受到过多的呵护,他们的自立能力、独立生活能力、进取意识显得不足。有的独生子女对集体生活不适应,较少考虑他人,而考虑自己则很多;部分学生没有明确的学习动力,对生活质量的期待与要求较高,而对人生理想的追求则不够高。

②特困生心理调适。近些年以来,特困生的思想教育、生活受到社会各界的广泛关注,学校采取了"奖、贷、勤、免、补",广开渠道,解决困难学生的生活问题。

(5)中职生生活适应问题

中职生活的重要内容之一是,帮助中职生适应中职生活,完成社会化,完成中职生作为"文化人"与"社会人"的培养任务。

①生活能力弱。作为社会一员,学生普遍不能够很好地处理自己的事务,学生连简单的劳动都不愿、不会从事,衣服找人洗、被子请人洗。

②中职生对挫折的心理承受力弱　目前的在校中职生,基本出生于国家改革开放之时,成长于国家经济发展之日。由于物质条件的逐步好转,兄弟姐妹减少,他们可以说是在学校"老师宠着",在家庭"父母捧着",是"一路高歌到中职",当面对挫折时,他们的心理承受能力常常会很脆弱。

第二章

一、选择题

1. ABCDE

2. E

3. (AB),(CD)。

4. BCDE

5. (ACD),(EGH),(JLMOP),(QR),(STUV),(FIKN),(B)。

6. ABCDE

7. BCD

8. ADE

9. CDE

10. ABCDE

11. ACE

12. ABCD

13. ABCD

14. BCD

15. ABCD

16. ABCD

17. ABCDE

18. ABC

19. (ADEG),(BCF)。

20. (AB),(C),(DEF),(G),(H),(I),(J)。

二、简述题

1. 什么是性格,它有哪些类型?

性格是人的特征、标志、属性、特性等。性格是一个人独特的心理特征的总和。这些特征表现在人对待事物的稳定态度和行为方式上。比如,一个人事业心强,有责任感,对人热情,人际关系融洽;而另一个人,生活没有追求,缺乏责任感,对人冷淡,以自我为中心。这些就属于性格上的特征。

性格的类型是指一类人身上所共有的某些性格特征的独特结合。比较有代表性的是英国心理学家培英和法国心理学家李波的机能类型说、美国心理学家卡特尔的特性说、德国心理学家斯普兰格的价值观类型说。

(1)机能类型说　机能类型说把性格种类与表现的性格特征分别为:理智型;情绪型;意志型。

(2)卡特尔特性说(16种人格特征)　乐群性;聪慧性;稳定性;恃强性;兴奋性;有恒性;敢为性;敏感性;怀疑性;幻想性;世故性;忧虑性;激进性;独立性;自律性;紧张性。

（3）价值观类型　把性格种类与表现的性格特征分别为：经济型；理论型；审美型；宗教型；权力型；社会型

2. 简述中职生的性格形成和培养的意义。

在职中时期，中职生自我的人格塑造具有十分重要的地位。随着职中环境的改变，中职生的性格也出现加速发展的现象，对社会、对集体、对他人、对劳动、对学习、对自己的态度和行为发生迅速打破了儿童的模式，向成人模式过渡。中职生活对于中职生来说，可以说是另一具有特殊地位的发展阶段，是人格发展的第二个关键时期。

在职中时期，学校教育和环境、同学之间的相互影响以及各种广泛的社会影响更多地发生作用，在中职生活中对中职生性格产生影响的因素很多。中职生必须自主作出选择，事实上正是个体所作的选择不同，而使其人格表现出不同的特点。如果中职生能意识到这种变化，意识到自己对自己的塑造能力，主动、积极、正面地改造自己，能使自己形成一个良好的性格。

（1）中职生自我意识增强，自我认识和控制能力增强　中职生个人对性格的自我培养具有很大的意义。随着年龄增长，中职生的生理和心理不断成熟，理性思维能力增强，意识的自我调节功能不断增强。

生活阅历的增加和知识的增长、视野的开阔，使中职生能够通过自我分析，在自我认识、自我评价的基础上不断自我约束、自我教育。在职中时期，外部因素的影响都要通过自我调节起作用。因此，自我教育对中职生性格形成的作用是很大的。

（2）中职生主体地位确立　每个人完全有选择人格成长方向、自我塑造人格的自由和自主性。在现实世界中，人是唯一能够主宰自己命运的力量。因为人是主体，能够主动认识世界、改造世界，包括对自己的认识和改造。人应该是道德的主体，也就是说，道德在本质上是自律，是人自己主动约束自己。人是自己的主人，自己主宰自己。

主体是人，但并非任何一个人都是主体。中职生具有的知识和智慧使他们能够也应该成为具有主体性的人。

先天生理条件和环境对个人人格的形成，一定程度上有决定的成分，即：一个人人格的形成有被决定的一面。人是社会的产物，家庭和社会的不良影响太大，又有可能制约人的主动性，但人从根本上说可以认识自然、改造客观世界。每个人都应当为自己的生命负责任，有什么样的人格，走什么样的人生道路责任在自己。

中职生随着年龄的增长，身心的逐渐成熟，知识的不断丰富，社会对其提出了新的更高的要求。他们不仅要进一步掌握高等专业知识，而且要形成自我的道德观、价值观，以及一整套符合社会准则的行为方式，以得到社会的接纳与尊重。

这意味着，中职生不仅面临着许许多多新的社会化任务，而且要重新评价过去所形成的观念及行为习惯。比如应该在这一阶段反思一下由于父母的宠爱所形成的以自我为中心的心态，以及家庭的特殊环境、特殊事件对自己的影响，乃至父母或老师等的不良做法或不正确的观念对自己的影响，修正自身的不良性格。

3. 什么是人格障碍，其主要特征是什么？

人格障碍也称人格异常，表现为成年期间的固定的适应不良行为的模式。人格障碍不是精神病，也不是神经病，但可导致本人生活上的困难或给他人造成困难。在中职生中也存在一些人格异常。

人格障碍者的主要行为特征如下：

(1)紊乱不定的人格心理特点和难以与人相处的怪异性格,不论其行为变异是被动还是主动,都会给他人造成困难,甚至带来灾祸;

(2)把自己的困难都归咎于命运不济或别人的差错,经常把社会或外界的一切看做是荒谬、悖理的;

(3)认为自己对别人可不负任何责任,总把自己的想法和利益放在压倒一切的位置,而不管他人能不能接受;

(4)无论走到哪里,都把自己的固定看法或猜疑、仇视带到哪里,从而使其行为影响新环境的气氛;

(5)他们对其怪癖行为对别人的伤害或影响泰然自若。

4. 中职生健康人格的标准有哪些?

明确中职生健康人格标准是职业中学开展人格培养首先必须解决的问题。分析在校中职生的人格状况,了解企业对中职生健康人格的基本要求,调查毕业生就业后的人格特征,从而总结归纳出6点比较切合当代中职生实际、符合企业要求和社会发展的健康人格标准。

(1)正确的自我意识

(2)良好的性格特征

(3)情绪稳定乐观

(4)良好的社交能力

(5)良好的道德品质

(6)适应社会,正确择业

5. 简述中职生健康人格的培养途径。

(1)充分认识塑造健康人格的重要性　从古至今,人格的塑造都在社会生活和个人生命中占有十分重要的地位。良好的性格对中职生的学习、交往和未来事业的成就关系重大,在某种意义上甚至可以说性格可以影响人一生的命运,性格可以影响人一生的幸福和价值观。

(2)树立正确的人生观和世界观　随着改革开放,中国社会进入了一个开放的时代。西方思潮大量涌入,而传统人生观、世界观的教育方式及其他社会原因使之未能真正对人的内心产生影响,出现观念多元。市场经济不健全、市场经济本身应有的健康文化还没有形成,出现精神空虚和世俗化倾向。

当代中职生要从传统文化中汲取有益的营养,用一种理性的态度,认真学习、理解共产主义世界观、人生观的深刻内涵。

同时,学校、社会应该用相对稳定和统一的社会规范和社会价值标准对中职生进行引导和教育,中职生也应该充分意识到树立正确的人生观、世界观对人生的重要意义,对健康人格塑造的重要性。

(3)中职生应加强人文知识的学习和熏陶　当前中职生,尤其是理工类中职生最为突出,人文知识贫乏十分严重,影响了中职生的人文素质的提高和健康人格的塑造。

中职生人文知识的欠缺与职中前的应试教育有关,也与现代的环境有密切关系。一些中职生,尤其是理工类中职生认为读人文类书籍没有用,是浪费时间,对稍微有点理论深度的书,认为看不懂。所以,有专家呼吁要把提高中职生的人文知识当做提高中职生人文素质的一个重要环节来认识。作为中职生自己,应该趁职中阶段时间充分,生活压力相对较小,精力集中,好好读书,多读好书,丰富自己的精神世界,陶冶情操。

影响中职生人格形成的因素还很多。比如:学校教育在中职生的人生观、价值观的形成中扮演着十分重要的角色,它通过对中职生进行社会理想教育,对其人格发生影响。班集体、同学之间也能对中职生人格的形成产生影响。

6. 简述如何提高挫折承受力?

(1)主动接受生活锻炼　为了提高挫折承受力,就需求自觉、主动地把自己放到一个充满矛盾、错综复杂的环境中去主动接受生活的锻炼。

(2)优化个性品质　对挫折的承受能力与个性品质有关。优化个性品质,培养个体进取性品质也是提高挫折承受力的一种必要途径。

(3)合理运用心理防御机制,减轻心理痛苦　心理防御机制,是指摆脱精神紧张状态的心理适应机制,通过调整自身的价值系统,从而改变自己对挫折的认知和情绪反应,以减少精神痛苦,维护自尊心,求得内心平衡。

7. 简述中职生心理冲突有哪些?

(1)自尊与自卑的冲突　一方面表现为自我期望与自我实现的冲突;另一方面表现为社会理想与现实生活的冲突。

(2)自由与自律的冲突　如何正确处理好学习与工作、学习与娱乐、学习与恋爱等方面的关系,是中职生面临的挑战和冲突。

(3)强烈的交往需求与孤独感的冲突　绝大多数中职生都希望拥有知心朋友,被人理解和接纳,有强烈的与人交往的需求。但由于各方面的原因如性格特征和人际交往技巧的缺乏,很多人往往不能如愿以偿,同学之间不能真正的交流思想和感情,产生一种孤独感。

8. 简述性的本质。

性是我们生命中的一个重要组成部分,我们每一个人都是性塑造的生命;我们每一个人都伴随着性的发展而成长。

(1)性的自然属性　性的自然属性是指男女在生理结构上的差异和人与生俱来的性的欲望和本能。从生物的本能看,性包括人的性欲和性活动。人的性欲来源于性激素的作用,在性欲支配下,经过两性器官的性活动,完成种族繁衍的作用。人的性欲并不神秘,它不过是如同人的饥饿与口渴一样的生理现象。

(2)性的社会属性　就像人的本质是由社会关系决定一样,性的本质也是由社会关系决定。性的社会属性是性的本质体现。人的性行为必须通过婚姻、经济、伦理、道德、法律关系的规范才能实现。

随着社会主义市场经济的建立,社会生产力大大提高,爱情在婚姻关系中的比重越来越突出,以生育为主要目的婚姻关系已经渐渐退出历史舞台,人们更多地把夫妻之间相互尊重、相互关爱、彼此沟通、心理相融的高度和谐的性生活,看做是一种崇高的精神享受。

(3)性是人的自然属性与社会属性的统一　性是自然属性与社会属性的统一。说明了性既要受人体发展的生物规律、自然规律的支配,又要受人类社会文化发展条件和各种社会需求的制约。性的自然属性是人类生存和繁衍后代的生物基础,性的社会属性是人类文明进步发展的本质。

9. 如何判断性心理和性行为是否正常?

综合有关资料和性心理咨询的实践,可以初步提出下列一些参考标准。

①性心理活动与性行为表现基本一致。

②性心理、性行为的特点与生理年龄基本上相符合。

③性活动中情绪积极稳定,与当时所处的情境相适应。

④能随时调整自己的性行为,调适性心理。

⑤性活动中的个性特征完整和谐。

⑥性心理状态与社会环境协调。

⑦性的认知基本符合自身的社会文化背景。

⑧在两性人际关系中,能较好地进行社会性适应和相互适应。

10. 简述引起中职生不良情绪的因素。

在现实生活中,引起中职生不良情绪的因素,或者说影响中职生获得满足的因素多种多样,概括起来大致有生理因素、心理因素和客观环境因素。

(1)生理因素　人的心理活动是在人脑中进行的,而人脑是由成百上千亿个神经细胞组成的,不论哪一种有害因素作用于人脑,破坏了大量的神经细胞结构,都会直接引起情绪的变化。因此,当躯体发生一些病变时,就会影响情绪。例如,缺氧、血管性疾病、中枢神经感染、营养代谢出现障碍、中毒(如药物中毒、食物中毒、煤气中毒等)、外伤(尤其是外伤致残)、肿瘤(尤其是等待病理结果及肿瘤性质确认后)以及内脏疾病等都容易引发情绪障碍。

(2)心理因素　心理学上普遍认为,情绪体验与心理反应因人而异的。即在相同刺激的作用下,情绪在很大程度上取决于当事人对于该刺激的认知差异。简单地说就是,我们怎样理解问题,就会影响我们怎样应付问题。

(3)环境因素　生活中,有些人比较容易受到某些情绪的影响,造成这些差异的部分原因可能是生理、遗传或心理的。但另一个事实是环境也会影响一个人的情绪。就中职生而言,能够对情绪发生作用的客观环境因素有家庭环境、校园环境和社会环境。

家庭环境的影响最为深刻。家庭的"风吹草动"都可能触发情绪的变化;同样,如果有一个温馨的"港湾",它会成为排解情绪困扰的最佳营地。对于中职生来说,校园是"第二个家"。几年的学习生活和集体生活既为他们提供了知识和智慧,也会带来一些压力与不快,所以难免有喜有忧,有哀有惧。社会环境对个体情绪的影响是不言自明的。这种影响主要取决于个体价值观以及对各种社会观念、社会问题和社会现象的看法和态度。

第三章

一、选择题

1. BCD

2. ABCDEF

3. BCDE

4. BCD

5. BCE

6. BCDF

7. ABCD

8. BCE

9. ABCD

10. ABCDE

11. ABCD

12. BDE

13. ABCDE

14. ABCDE

15. ABDFEGH

二、简述题

1. 简述友情与爱情的区别。

首先要明白的是,爱情的基础是异性间的友谊,但异性间的友谊并不一定能发展到爱情。从友谊到爱情,不仅要有思想、志趣上的一致,还要有脾气、性格等等多方面特殊的要求。爱情本身毕竟还有许多友谊不能到达的地方,这并不否定友情为爱情开拓了道路,但要真正走到爱情的道路上去,还有爱情本身所应有的许多特殊的条件。

其次,爱情是高层次的异性间的友谊,爱情关系应该包括友谊关系(指恋人间的)。纯洁的友谊是恋爱发展的生命力所在。恋爱的过程,是一个友谊不断深化的过程。爱情的成功,往往是友谊和恋爱互相交融,互相促进。当这种交融和促进作用产生了爱情占主导地位时,友谊也不会从此退出自己的地盘。可以说,友谊伴随着爱情始终,友谊失却之时,正是爱情萎缩之际。

2. 如何正确恰当地交友?

(1)要克服羞怯 与异性交往要感情自然,仪态大方,不失常态。以免使正常的异性交往误入歧途。

(2)真实坦诚 在交往过程中要做到坦荡无私,以诚相待,这是建立和发展良好关系的前提和基础。切忌以"友谊"或"友情"为幌子招摇撞骗,心术不正地骗取异性的感情。

(3)留有余地 虽然结交的是知心朋友,但是,所言所行要留有余地,不能毫无顾忌。交往中的身体接触要把握好分寸,不能过于轻浮,也不要过分拘谨。在与某一个异性长期交往中,要注意把握好双方的关系程度,不要走得"太深""太远",以免超越正常交往的界限。另外,男女交往还要在谈话中避免纠缠那些不良情绪、行为;在集体活动中避免过多的单独相处;在交友范围上不作过多限制。与更多的同性异性同学交往,也可避免异性单独相处时产生的不适应和不自然心理。

3. 如何防治师生的冲突?

防治师生冲突的关键在于教师。因此,教师应该多从自身找原因,化解师生冲突。学生心理的发展水平是多层次的,反映客观世界的思想矛盾是多方面的,教师应对矛盾的性质和内容作具体分析,区别对待。

(1)做为人师表、德高望重、多才多艺的教育者　教师本身就具有教育意义,教师良好的行为无一不对学生起着潜移默化的影响作用,如果说教师没有良好的师德,就会丧失教育的权威性,也会给学生造成极其消极的影响。

(2)建立平等互助的师生关系　平等互助的师生关系是教育成功的桥梁。在相互尊重的师生关系里,是绝不会发生师生冲突的。相反,在恶劣的师生关系中,学生会形成冷漠、仇恨、鄙视、散漫等恶习,师生冲突就会随时发生。

(3)重视学生心理特征,改进教育方法,提高教育艺术　教育的问题,关键是方法问题。要制止师生冲突的进一步发生,教师要有清醒的头脑,要从学生心理实际出发,选择正确的方法方能达到目的。

(4)正确运用"严",做到"宽""严"相济　有的教师认为:"严是爱""宽是害""对学生越严越好"。甚至对学生违纪或不完成作业,就施行严格的惩罚。久而久之,学生当然就会同老师发生冲突。"严格要求学生"是教师对学生负责,对教育事业负责,是必要的,但"严"也有一个"度"的问题。

4. 为什么说校园暴力危害的不仅是受害者而且还有施暴者?

校园暴力在很多人的心里都留下了很深的烙印。这种不良影响,不仅仅体现在受害者,也使施暴者在心灵成长和社会前途中增添了大量的阻力。

(1)施暴者　走上犯罪道路。那些常在中小学打架,特别是加入到暴力帮派的学生很多都走上犯罪道路。被社会遗弃。很难获得社会(主要是学校和家庭)的认可,社会归属感长期得不到满足。"捷径"意识。喜欢畸形发展道路,好逸恶劳,不善于积累,难以感受到小成功的激励。

(2)受害者　肉体损伤甚至残疾。懦弱,缺乏信心和勇气,自卑,逃避。形成心灵的阴影和伤害。

5. 如何预防艾滋病?

目前艾滋病尚无根治方法,因此应注重预防。常用有效的预防方法有:

(1)普及艾滋病防治知识,使人们了解艾滋病的病因、传播途径、临床表现等。艾滋病的传播途径有:性接触传播、经血液传播和母婴垂直传播。

(2)避免不洁性交,尤其是避免与艾滋病病人发生性接触。

(3)对供血者进行HIV病毒检测,抗体阳性者禁止供血。尽量减少血液制品的使用,必须用时首选国产血液制品。

(4)不共用针头和注射器及牙刷、剃须刀等可能被血液污染的物品。

INLIJIANKANGJIAOYUXUEXIZHIDAO

（5）患艾滋病及感染艾滋病病毒的妇女应避免妊娠。

（6）加强国境检疫，防止艾滋病的传入。

6. 如何进行毒品的预防？

（1）要拒绝抽烟。要知道从吸烟到吸毒只一步之遥。

（2）遇到挫折也坚决不能当毒品的"俘虏"。

（3）不能滥用麻醉药品和精神类药物，如安定片、三唑仑、唉托啡等药品。

（4）决不尝试第一次。吸毒人员的亲身体会："一日吸毒，永远想毒，终身染毒。"

（5）决不与吸毒者交友，决不能以身试毒。

（6）学会拒绝吸毒的方法。

（7）毒品违法行为有吸食和注射毒品的行为，是一种违反治安管理的行为，应给予治安处罚、劳动教养，并对吸毒成瘾的人予以强制戒毒。

7. 谈一谈你对感恩的理解，并准备怎么去做。

（略）

第四章

一、选择题

1.（ACDF），（BE）。

2. ACD

3.（1）B（2）D（3）C（4）A

4. ABCEG

5. BCEF

6.（C）；（B）；（A）。

7. ABDE

8. ABCDE

9. ACE

10. ABC

11. AB

12.（ABHI），（CDEFG）。

13. BDE

14. BCE

15. ABDE

16. BDE

17. ABDE

二、简述题

1. 什么是传统学习观？什么是现代学习观？

传统观点认为，学习就是在一定的情境中，在教师有目的、有计划、有组织的系统指导下,受教育者读书求知并获得一定结果的实践活动。由此可见,学习是以教师为主导,学生主要是在教师的安排、指导下进行学习;学习的内容集中在知识、技能方面。

由此看出,传统的学习观认为人类的学习是个人系统掌握社会和个体经验的过程,是通过语言和文字为中介而实现的。因此,只有接受、吸收、掌握和占有了前人的知识和经验并转化为自己的知识与经验,才是学习。

现代学习观则在对前者观念认同传承的基础上,突出以下理念:

(1)首先,学习是人们的自觉主动的行动 现代学习观特别注重学习主体的自身需求、经验、兴趣、性格、能力、志向等,重视尊重学习主体的选择、适应和可能。

新的学习观认为学习不只是对学习者的标准化、强制性的活动,更重要的是要成为学习者自觉、主动、积极的行为。

(2)学习是学习者的社会化的全部过程 所有通过感受器官通向大脑的活动都是学习。在《学习的革命》一书中,作者指出"我们所看、我们所听、我们所尝、我们所触、我们所嗅、我们所做"均为学习,而传统的学习观特别看重结果,认为有了良好成绩的学习才可被认为是学习,而对成绩低下或无结果的学习者的行为则不能给了价值认定。

(3)学习既表现为接受和掌握,也表现为感悟、体验、发现和探究 以智力资本为特征的知识经济社会更重视学习主体在实践过程中的内在感悟、体验、发现和探究。在发现、探究的实践活动过程中,个体经验的获得来源于学习者的直接发现、探究和创造。

2. 如何尝试进行全新的学习?

全新式的学习可以从以下几个方面进行尝试:

(1)广阔丰富的学习内容 通过对传统学习观和现代学习观的学习、比较,我们认识到学习不仅是知识、技能的学习,而且也涉及态度、情感、社会规范等内容。学习不应只着眼于课堂和考试内容,如何与人交往、处理个人的生活事物、培养创新能力以及丰富自然科学知识和人文社会科学知识等方面都应成为我们关注的焦点。根据个人的情况,选择自己要学习的内容。

(2)多样的学习方法 选择恰当的学习方法十分重要。许多学生并没有认识到学习方法的重要性,可能还是沿用中学时代的方法,但效果不大;或者没有了老师的监督,而放任自己的学习,这样的结果可想而知。选择何种学习方法应该结合自己的特点考虑,适合别人的方法未必适合自己,这一门学科未必适用那一门,如果盲目照搬,效果可能就会打折扣,只会让人感到灰心、失望。

(3)具体的学习计划 由于学习是一个长期积累的过程,有时难免会遇到挫折、困难,因此最好能将学习计划具体化。制订良好的学习计划,在总的目标下设置分目标,在到达终点前,仍会看到自己已经取得了一个个胜利,而不是感到自己虽然在不断努力但是离终点总是有距离,这样不但能让前进的方向更明确,而且还能增强自信心,获得更多的心理能量,对于远大目标的实现尤为有效。

(4)树立发展式学习理念 树立发展式学习理念就是将学习当成个人终生发展的任务,在不同人生阶段指向不同的目标,建立客观、合理的评价体系,确立自我价值,应对学习中的困难,调节心理冲突,在获得知识、能力的同时,也达到心理上的和谐、统一,保持心理健康的状态。

3. 常见的学习障碍有哪些?

(1)注意力不集中,做事磨蹭,有头无尾,缺乏时间观念和任务感。慵懒、拖沓,学习迁移能力差,易形成习惯性惰性及自慰心理。社会适应技能缺陷,凡事都要依赖别人。缺乏良好的学习习惯与学习方法。

(2)动作迟缓,笨手笨脚,身体协调能力不良,书写笨拙、幼稚,缺少笔画。

(3)缺乏学习兴趣,缺乏好奇心,对人对事缺乏兴趣;或学习兴趣肤浅、范围狭窄、兴趣不能稳定持久,易于"见异思迁",带有情绪性影响。

(4)缺乏学习动机;或学习动机多停留在短暂、浮浅的消极水平上,具有游移摇摆的特点,缺乏强大而稳固的动机支持。一般其动机水平低,目标不明确,学习的社会意义和个人意义不统一。动机只表现在口头上,很少落实在行动上。

(5)学习态度不良,目的不明确、呈现一种漫无目的的学习倾向。缺乏学习热情和自觉性。自制性和坚持性差。

(6)活动过度、问题行为、违纪行为、自我控制力差,不易与同学建立良好人际关系。寻求反面心理补偿,出现逆反心理及情绪对抗。

(7)自我评价差,容易受挫折;忧郁、焦虑、窒息感、压抑感,易自卑及封闭。

4. 试简述一下中职生具备的创造性优势。

(1)中职生处在思想最活跃的时期,较少的条条框框,对各种事物充满好奇心和探索欲。

(2)较高的智力水平。心理学研究认为高智商可能有高创造性,高创造性者必须具有高于一般水平的智商。中职生是具有较高的智力水平的人群,具有创造力的潜在的优势。

(3)系统的思维训练,中职生的专业学习也是一种思维的系统训练,如理工科的逻辑思维的训练等,这也是一种潜移默化的创造性思维训练。

(4)学校、教师不断有意识地对中职生的创造力的培养,如举办各种科研活动,创新、发明比赛等,使中职生在求学期间就投入到有意识的创造性活动当中。

(5)较广的知识面,较多与众多专家学者学习和探讨的机会,也为中职生提供了掌握新思想、新观念的优越条件。

5. 自学能力包括哪几个方面的能力?

(1)驾驭语言、文字信息的能力 学生自学的对象主要是书刊,自学的方式主要是看、读、写、练。另外,还有有声信息,要靠听获得。因此,要在自己的看、读、与、听、练中,不断提高对语言、文字信息的汲取、辨认、选择、整理的能力。这是一种自学的基本能力,可细分为阅读能力、鉴赏能力、表达能力(如口头表达、书面表达)等。

(2)基础知识的储备能力 基础知识是自学的前提和条件,它对自学具有指导、扩展和再生的作用。经过上述对知识的储备和消化,就能取得举一反三的学习效果。

(3)对知识信息的心理反应能力 培养这种能力,就是要完善大脑准确、高速处理知识信息的功能,从而形成感性、理性思维能力相互渗透、相互作用的整体效应。

6. 简述记忆的分类。

(1)根据记忆的意识性和目的性,可以把记忆分为无意记忆和有意记忆

①无意记忆:没有确定识记的目的,没有采取任何记忆方法,也不需求作任何意志努力的一种记忆。

②有意记忆:它是有自觉目的,采取一定的记忆方法,有时还需求一定的意志努力的一种记忆。

有意记忆又可以分为机械记忆和意义记忆两种。机械记忆,又称强记,通常称"背诵"。意义记忆,又称理解记忆。它是根据事物的内在联系来理解材料的意义,需求已有的知识经验,也要求采取多种多样的方法来记住事物的一种记忆。

(2)根据保持记忆的时间长短,又可以把记忆分为瞬时记忆、短时记忆和长时记忆

瞬时记忆,又叫感觉记忆。它是指仅能保持 1~2 秒的记忆,视觉后像是瞬时记忆的最明显的事例。短时记忆是指能保持 1 分钟左右的记忆。长时记忆是指能保持 1 分钟以上直至许多年,甚至终生不忘的记忆。

7. 什么是"高原现象",其产生的原因是什么?

学习中的"高原现象"是指在学习过程中的一定阶段,产生学习效率降低,学习进步缓慢,甚至停滞的现象。这是教育心理学者在研究操作技能形成过程中,所发现的一种带规律性的现象。产生"高原现象"的原因。

(1)心理因素 表现为意志品质差,遇到困难失去信心;学习目的不明确,动机减弱,兴趣降低,甚至产生厌倦等消极情绪。

(2)方法因素 表现为死记硬背,缺乏活力。不注意用脑卫生,长期使大脑处于极度兴奋和紧张之中,造成大脑过度疲劳,使思维活动产生反效应,越想思维敏捷,越感到思维迟钝。

(3)知识结构因素 已有的知识结构与目前正在进行的知识学习不相匹配,当继续学习所需求的知识不能及时扩展时,就将阻碍学习的顺利进行。

8. 如何克服考试焦虑?

(1)端正对考试的认识 像中考、高考这样的考试,出题者都是高水平的教师,都讲诚信度、效度和区分度,只要平时学得好,考试一般不会出问题。

(2)进行自信训练 第一步:把所担忧的想法逐条写在一张白纸上,把潜意识中所担心的事情提到意识水平,使个体清晰地意识到自己当前消极的自我意识的水平和内容。第二步:对消极的自我意识中的不合理成分进行辨析,与不合理的情绪和错误的自动想法进行辩论,否定掉那些担心的理由,消除不必要的顾虑和担忧。其中,包括指出这种消极的自我意识的不现实和不必要性,阐明由此对个人所造成的危害,并明确今后应该采取的态度。

(3)正确对待外界压力 作为考生,应该正确认识家长和老师所施加的压力,不要过多地理会他们的话,该怎么学仍然怎么学。

(4)重新调整考试动机和期望值 人的能力是有差别的,自己的期望值也不要太高,只要自己努力了,考什么样都必须认了。过多的担忧,都是没有意义的。

(5)要注意充分休息 平时也好,考试也好,都不要向睡眠抢时间。尤其是发现自己有比较明显的焦虑情绪以后,更应该注意休息。

(6)学会自我放松 一是随时宣泄自己紧张的情绪。二是参加一些高强度的体育活

动,或者参加迪斯科舞会,促进体内气体交换,使紧张的神经松弛下来。三是到山上或者旷野里放声高喊,或者放声高唱节奏欢快的歌曲,利用情绪的抵抗作用,消除紧张焦虑情绪。

(7)临场自我调节 进入考场后,通过转移法、深呼吸技巧,稳定情绪,消除紧张情绪。

(8)其他情况 如果发现自己特别焦虑,以至于影响正常的学习和生活了,就应该及时向心理咨询师求助,请咨询师指导进行放松训练,进行系统脱敏,以便早日告别焦虑。

9. 简述终身学习的含义。

终身学习,讲的是人一生都要学习。从幼年、少年、青年、中年直至老年,学习将伴随人的整个生活历程并影响人一生的发展。这是不断发展变化的客观世界对人们提出的要求。人类从诞生之日起,学习就成为整个人类及其每一个个体的一项基本活动。不学习,一个人就无法认识和改造自然,无法认识和适应社会;不学习,人类就不可能有今天达到的一切进步。学习的作用又不仅仅局限于对某些知识和技能的掌握,学习还使人聪慧文明,使人高尚完美,使人全面发展。正是基于这样的认识,人们始终把学习当做一个永恒的主题,反复强调学习的重要意义,不断探索学习的科学方法。同时,人们也越来越认识到,实践无止境,学习也无止境。古人云:吾生也有涯,而知也无涯。当今时代,世界在飞速变化,新情况、新问题层出不穷,知识更新的速度大大加快。人们要适应不断发展变化的客观世界,就必须把学习从单纯的求知变为生活的方式,努力做到活到老、学到老,终身学习。

10. 简述如何建立终身学习的习惯。

(1)个人建立主动学习的意愿、态度及能力,是建立学习社会的主要条件 我国教育长期以外在的压力,要求学生学习升学所需要的测验内容,相对忽略主动学习的能力。结果,社会最畅销的书是补习参考书,学生及成年人有意再接受教育者,接触最多的不是他们喜爱的书或信息,而是为考试补习用的参考书或考题解答。这对开放社会的发展,应是两种警讯。我们的社会亟待在校内及校外,培养主动学习的动机、态度及能力。

(2)个人应该熟悉多元的学习管道 除了迅速出版的书刊以外,录像带、播音、电视、函授、参观、活动参与、计算机网络、光盘数据库等,都是大家学习的媒介与管道。尤其是信息高速公路完成以后,校内、各校区、各区域及世界各地紧密连接而成的信息网络,将使信息的传输、流通与交换,成为垂手而及的简易事情。在这样的社会中,选择单一管道学习的人,容易闭塞与孤寂;熟悉多元学习管道的人,则易开放与快乐。

(3)想要终身学习的人,就要掌握各种学习的机会 当第二次教育的需要形成,而机会也存在的时候。千万不要犹豫,一定要赶快踏出第一步。一次有名的演讲公告时,赶快空出时间准备听讲:需要学计算机的时候,千万不要嫌自己太老而不学;一次动人的音乐演奏,千万不要去省少数的入场费。掌握每一次学习的机会,个人心灵的富有,将是生命力的源头活水。

(4)从事学历与文凭以外的学习,也是人生的一大快事 在国人的观念中,学习与获得学历或文凭几乎被画了等号,获得学历与文凭以外的学习,也就被认为是较次要的事情。在学习社会中,学历与文凭已逐渐失去其绝对的价值,社会成员也会重新考量学历与文凭的真正功能。乐于从事学历与文凭以外的学习,是养成终身学习习惯的重要途径。

(5)乐于学习并能充分运用必要的器材 现代社会的景象是:在很多大学中,教授与学生可以便捷地从宿舍或研究室查阅全部书目,可以利用电子邮件交换讯息,可以和世界相同领域熟悉或不熟悉的学者笔谈。个人进入自动化的图书馆,等于进入一个世界性的信息站,进入设备良好的视听中心,也可以在不干扰别人的情况下径自学习或交互讨论学习。养成良好的读书习惯,仍然是终身学习重要的一环,但是"书"仅是信息的一种,其他还有很多信息任君选择,取之不尽,用之不竭。

(6)个人不仅要有迅速获得信息的习惯,更要有整理与批判信息的习惯 整理与批判各类信息的能力,是现代人应该具备的重要能力。我国古话说,尽信书不如无书。现代社会的现象是:尽信信息不如没有信息。整理与判断后,赋予信息意义,发现与发明新事物,并形成自己的知识,才是人生最有意义的事情。我们都应该掌控信息,而不应该被信息所迷惑,更不应该被信息所奴役。

(7)终身学习的内涵是整体的,而不仅是知识的学习 知识是可以终身学习最明显的一部分,但它不是整体。用最简易的话说,终生学习的内涵可以包罗万象。终身学习、终身运动、终身反省应该是人生三宝。将终身学习的习惯,用于终身运动,可以延年益寿。将终生学习的习惯,用于终身反省,可以减少个人烦恼,也可以减少社会乱象,促进祥和。

(8)养成终身学习的习惯,要让学习动机与学习成就循环作用,相互回馈 终身学习的习惯,首先源自一种理念,以后在每一个阶段学习有成,更会加强这种理念,促成更多的学习成就。当它成为一种坚定不移的行为形态时,就是个人快乐的时候,也是社会进步的契机。

第五章

一、选择题

1. ABCDE

2.((1)(2)(3)(4)(5)(9)(10)(11)(15)(16)(17)(18)(23)(24)(30)),((6)(7)(8)(31)(32)(33)(34)(35)(40)(41));((25)(26)(27)(28)(29)(36)(37)(38)(39)(42)(43));((19)(20)(21)(22)(52)(53)(54));((12)(13)(14)(47)(48)(49)(50)(51)(60)(61));((44)(45)(46)(55)(56)(57)(58)(59)(62)(63))。

3. ACDE

4. ABCD

5. ACDE

6.((1)(2)(4)(5)(8)(9)(12)),((3)(13)(15)(16)(17)),((6)(7)(10)(11)(14)(18)(19)(20)(21))。

7. BCDE

8. ABCDF

9. ABCDE

10. ACD

11. BCDE

12. ACE

13. ACDE

二、简述题

1. 什么是职业心理素质,它主要体现在哪几个方面?

职业心理素质是职业素质的一种,职业素质是指劳动者对社会职业了解与适应能力的一种综合体现,其主要表现在职业兴趣、职业能力、职业个性及职业情况等方面。

职业心理素质是指从业者认知、感知、记忆、想象、情感、意志、态度、个性特征(兴趣、能力、气质、性格、习惯)等方面的素质。除此之外还包括以下素质:

● 身体素质:指体质和健康(主要指生理)方面的素质。

● 心理素质:指认知、感知、记忆、想象、情感、意志、态度、个性特征(兴趣、能力、气质、性格、习惯)等方面的素质。

● 政治素质:指政治立场、政治观点、政治信念与信仰等方面的素质。

● 思想素质:指思想认识、思想觉悟、思想方法、价值观念等方面的素质。

● 道德素质:指道德认识、道德情感、道德意志、道德行为、道德修养、组织纪律观念方面的素质。

● 科技文化素质:指科学知识、技术知识、文化知识、文化修养方面的素质。

● 审美素质:指美感、审美意识、审美观、审美情趣、审美能力方面的素质。

● 专业素质:指专业知识、专业理论、专业技能、必要的组织管理能力等。

● 社会交往和适应素质:主要是语言表达能力、社交活动能力、社会适应能力等。

● 学习和创新方面的素质:主要是学习能力、信息能力、创新意识、创新精神、创新能力、创业意识与创业能力等。

2. 如何强化职业角色?

要使自身把所学专业知识转化为专业技能,就得不断让学生从认识——实践——再认识——再实践,通过不断循环往复,也就是通过不断地训练、强化,使学生逐步地进入"职业角色"。对"职业角色"强化的途径和方法是多种多样的。

首先,学校要主动创设提供给学生进行"职业角色"强化的机会。中职生在学校里不单是从老师的课堂里进行"职业角色"的学习,也不单是从社会上对"职业角色"进行认知,还得有意识地亲自去实践。

其次,要根据不同专业特点,开展各种丰富多彩的活动,以强化学生的"职业角色"职业技能的形成。需要在职业活动中训练、强化,而开展形式多样的专业实践活动,确是强化学生"职业角色"的最佳方法。

瞄准需求结合实际进行多维度的素质训练。练沟通与交流;练组织能力;练团队精神;练创造能力等。针对当前学生就业难的实际问题,组织学生到基层企业见习,强化"职业角色"锻炼,培养学生适应就业市场需要的能力。

3. 学生角色与职业角色的根本不同在于哪几点?

(1)社会责任不同　社会角色的角色义务就是角色的社会责任。学生角色的主要责任是努力吸取知识,使德、智、体全面发展,掌握为人民服务的本领。整个角色过程是一个受教育、储备知识、锻炼能力的过程。而职业角色的责任,是以特定的身份去履行自己的职责,依靠自己的本领或技能去为人民服务,完成某个事项的过程。

(2)社会规范不同　社会赋予角色的规范,就是社会提供的行为模式。学生规范多是从培养、教育的角度出发,促使其以后能顺利成长为合格的人才,如怎样遵守学校的规章制度,怎样待人接物,怎样做人等。社会赋予职业角色的规范、提供的行为模式,则因职业的不同而不同。这些模式既具体又严格,违背了就要承担一定的责任,甚至法律责任。

(3)社会权利不同　社会赋予角色的权利,就是角色依法应享受的权益,或应取得的精神或物质报酬。学生角色的权利主要是依法接受教育,并取得经济生活的保证或资助。职业角色则是依法行使职权,开展工作,并在履行义务的同时取得报酬。

4. 什么是职业压力?怎么分类?

在工作压力上,企业员工对于工作任务、劳动强度、工作责任和竞争等内容的压力感受较为明显。在社会转型期,因为经济体制和劳动组织制度的改革,企业员工对竞争压力的感受也越来越大。由于高等院校的逐年扩招和下岗工人再就业,就业市场竞争日益激烈,中职教育面临着严峻的考验。

职场压力可分为急性和慢性,前者指突发性的职场事件或政策变化所造成个人工作经验的改变,后者则是长期累积性职场人事物所导致的个人工作经历耗损有关。同样造成各种职业性精神疾病和职业压力症候群,也会因个别工作人员的人格特质和反应方式不同而有各种症状表现。常见职业性精神疾病包括焦虑症(如恐慌症、畏惧症、强迫症等)、忧郁症、适应障碍症、心身症、身体化疾病、睡眠或饮食障碍及酒药瘾问题等。常见职业压力症候群则有科技压力症候群、燃烧症候群、妇女职业症候群及人事异动症候群等。

5. 在生活中大多数人在遇到以下事情的时候,会出现负面的情绪:

我的恋人抛弃了我,生活一片黑暗;我在公司没有升职的可能了,没什么前途;我的沟通能力不佳,不知道做什么工作好;上司很挑剔,总是看我这不顺眼那不顺眼,烦;那个同事很难相处,可是工作上要经常接触;我的下属一点能力都没有,总是要我亲力亲为。

那么,我们如何运用"重新定义"来缓解以上的负面情绪呢?

虽然我的恋人抛弃了我,但是他/她失去的是一个爱她/他的人,损失比我大,也许我的下一个会更好;我在公司没有升职的可能,那可能是我在这里做得还不够出色,在这个岗位上还有很多可以学习的地方,尽力做到最好,就算离开公司也会有更大的竞争力;我的沟通能力不佳,但是我一定要努力锻炼、提升,也许我可以从事自由职业、技术类或者助理类的工作;上司很挑剔,这磨炼了我的意志,也让我看到一些不足的地方;那个同事很难相处,我是否可以退让一步,找到和他共同的志趣或话题;我的下属一点能力都没有,这可是我提升领导力的机会,我可以指导他,充分授权,事后给予反馈,逐渐让他成长起来,我就不会那么累了。

6. 如何提高自身素质?

在择业、应聘时应注重提高自身的素质,可以从以下两个方面来提高:

(1)加强实际训练　中职生应加强实战模拟,可先与熟人练习面谈,锻炼自己的表达能力,运用和熟悉推荐自我的技巧,然后本着循序渐进的原则扩大范围,增加难度。要尽可能多地参加各种类型的"人才交流会""专题讨论会"等见面会,或到用人单位去毛遂自荐,把它们看成是锻炼自己的机会。对每一个机会,都必须做好充分的准备,以获得好的效果。

(2)注重行为修养,言行举止文明 应聘从某种角度来说就是推销自己,所以,也要讲求技巧。要掌握听说的艺术,会听、会说是面试的重要技巧。

7. 如何克服职业倦怠?

(1)拓展自己的职业发展空间

(2)工作改善只需改变一点点

(3)少一点关注自己的工作,多去从办公室外汲取动力的源泉

(4)试着向侧面发展自己的职业空间

(5)积极主动才能超越

(6)补充自己的技能 8. 什么是就业观? 正确的就业观的内容是什么?

就业观是指对就业选择的基本看法,是个体在一定的世界观、人生观和价值观的指导下,对自己未来所从事的职业和发展目标的基本认识和态度。

树立正确的就业观,是中职生能够正确认识社会、正确认识自己,顺利就业的保证。

(1)要把个人愿望和社会需求结合起来"人是一切社会关系的总和",在社会历史过程中不可能完全自由地实现自己的意志和愿望。

社会主义国家代表着全体社会成员的共同利益,为了这个共同的利益,个人的活动必须服从社会的需求,只有这样才能形成合力,推动社会向前发展。

(2)要把为社会贡献和实现自我价值有机地统一起来 一个人的思想和行为对社会有积极的作用和意义时,就有价值。

有些中职生认为自己学历、地位不高,很难实现自己的价值,因此妄自菲薄、自暴自弃。这种思想是错误的,自我价值是由社会决定的,个人在社会上作用的大小、贡献的多少,要看其劳动成果得到社会承认的有多少。自我价值只有在他所在的企业的价值实现之后才能实现,这是因为人的价值是通过个人和集体的关系表现出来的,个人在集体中的影响是衡量个人价值的尺度。

9. 简述心理不就业的原因。

首先,学生欠缺生存忧患意识,没有自食其力养活自己的观念和责任。

第二,学生"长大不成人",缺乏社会责任意识。

第三,错误的职业观。收入水平已错误地成为学生衡量个人价值的重要标志。

第四,求学时没有明确的学习目标,因此自己没有学习计划,学习是被动的、敷衍的。

第五,学生心理抗挫折能力薄弱,依赖性太强。

10. 从学校到职场转变,中职毕业生要进行多方面的适应,主要有哪些方面?

(1)生理的适应 工作作息时间与原先的校园生活习惯有冲突,比如有午睡的习惯,但工作却不允许有午睡的时间,就必须改变这种习惯。

(2)心理上的适应 工作意味着已经是一个独立的责任人,必须对自己的行为负全部的责任,不像家庭生活和校园生活中作为子女和学生,是一个备受呵护的对象,对父母、

对老师有依赖性。

(3)人际关系的适应　学校中的人际关系相对单纯,自己接触的主要是老师和年龄相仿的同学,沟通也比较容易,容易建立纯真的友谊和感情。但是工作后接触的人则复杂得多,有上下级关系,有年龄和性格相差很大的同事,人际关系不像校园里那样的简单明了,需要用心观察分析,建立良好的人际关系。

(4)工作性质与工作环境的适应　工作的任务主要有哪些?需要和哪些人分工合作?对于工作上的要求能否胜任?这些都需要去适应。

(5)制度上的适应　公司制度与学校制度不一样,必须熟悉公司制度,执行公司制度,维护公司制度。

(6)文化上的适应　企业文化与学校文化有不同之处,企业面对的客户和合作伙伴,特别强调"服务"与"合作",客户至上,效率为先。

(7)个人生活的适应　工作同时也意味着生活上的独立,限定了生活形态。需要安排好自己的个人生活,比如说个人收入的合理使用计划,工作生活与私人生活的协调,如何承担好对父母和家庭的责任?怎样兼顾工作和感情?工作后在个人生活上也会随着角色的转变而转变,不再像以前作为学生那么单一。

11. 必备的创业心理品质有哪些?

(1)独立思考、判断、选择、行动的心理品质

(2)善于交流、合作的心理品质

(3)敢于行动、敢冒风险、敢于拼搏、勇于承担行为后果的心理品质

(4)敢于克服盲目冲动和私利欲望的心理品质

(5)坚持不懈、不屈不挠、顽强努力的心理品质

(6)善于进行自我调节、适应性强的心理品质

12. 论述创业、创新、务实三者之间的关系。

(1)创业需要创新　从无到有干成一番事业,离不开创造与创新;因此,创新是创业精神的核心。创业的过程,就是有所发现、有所发明、有所创造、有所突破的过程。创新也是没有止境的,是持续不断的。永葆创新精神,才能保持昂扬的工作热情,才能具有勇于求新、不断求变的进取心态,才能在促进经济社会发展的辉煌事业中施展才华,创造佳绩。

(2)创新必须务实　任何成功的创造性活动,都不能脱离事物的客观规律。在求真中创造,在务实中创新,创业才能成功。中华民族自古以来就普遍重视和提倡务实精神,我们党的思想路线就是一切从实际出发,实事求是,要求人们讲实话、办实事、求实效。古之成大事者,莫不将务实作为精神利器。因此,务实是创业精神的落脚点,是创业目标得以实现的基础。当前,务实创新就是要求我们必须把握时代脉搏,不断解放思想,树立科学发展观,聚精会神地抓好落实,一步一个脚印地做好本职工作,在全面完成各项工作任务和目标中,不断实现新突破,取得新发展。

13. 如何培养创新能力?

创新能力是根据一切已知信息,产生出某种新颖、独特、有社会或个人价值的产品的能力。创新能力是创新素质的集中体现。

(1)在课堂开展好课内活动　着重强调学生亲自实践、发现、体验,强调学以致用,

教、学、做合一。在知识掌握的过程中,看到的要比听到的印象深,看听结合效果比单纯靠看或听好,但如果有人的动作参与,那么必然会使所学的东西记忆更牢固。作为教师应积极开展有利于学生创造性发挥的实践活动。通过实践活动,学生可以在体验知识中、运用知识中捕捉到创新灵感,从而有所发现,有所创造。

(2)要开展丰富多彩的课外活动 在学生创造力的形成上,课外活动起着十分重要的作用。课外活动通常具有知识性、科学性、实践性、灵活性、趣味性等特点。在这种活动中,学生不仅可以获得创造力发展所需要的良好环境,而且开始了真正的创造活动。学生经常参加这些活动,不仅可以扩大视野、启迪思维,而且可以选择自己感兴趣而课堂教学未触及和深入的问题去研究,培养自己的创新能力。

(3)要促成创造性人格品质 人的创新能力与他的人格品质有着密切联系,情绪、动机、坚持性、独立性等都影响着创新能力的发展。有创造性的学生多表现为自信、富有责任感、富有想象力、独立性强、求知欲旺、尝试困难、兴趣广泛、勇于探索、毫不犹豫地把握时机等。为此要鼓励学生自信敢为,促使其创造个性自由充分地发展。同时要培养学生科学的环境观、资源观、人口观和可持续发展的观念,努力培养学生成为符合跨世纪需要的新型人才。